I0054289

Cómo Construir
LÍDERES
En Redes De Mercadeo
VOLUMEN UNO

Creación Paso
A Paso De
Profesionales
En MLM

TOM "BIG AL" SCHREITER

Copyright © 2015 Fortune Network Publishing

Todos los derechos reservados, lo que incluye el derecho de reproducir este libro o porciones de el en cualquier forma.

Para información, contacte:

Fortune Network Publishing

PO Box 890084

Houston, TX 77289 Estados Unidos

Teléfono: +1 (281) 280-9800

ISBN: 1-892366-49-5

ISBN-13: 978-1-892366-49-8

Traducción de Alejandro González López

DEDICACIÓN

Este libro está dedicado a los empresarios de redes de mercadeo de todo el mundo.

TALLERES DE BIG AL

Viajo por el mundo más de 240 días al año impartiendo talleres sobre cómo prospectar, patrocinar y cerrar.

Envíame un correo si quisieras que hiciera un taller "en vivo" en tu área.

¡OBSEQUIO GRATIS!

Recibe la noticia cuando el próximo libro de "Big Al" sea lanzado, para que puedas **conseguirlo GRATIS**.

http://bigalbooks.com/giftoffer.htm

TABLA DE CONTENIDOS

–Soy perezoso. Sólo dame el secreto. 7

Duplicación real. 17

Test de Inteligencia. 19

Test de sinceridad. 21

¿Dónde encuentro líderes? 26

Paso #1: Define lo que es un líder. 36

Paso #2: ¿Cómo encuentro líderes? 40

Paso #3: Qué enseñar a los líderes. 55

Enseñando con historias. 67

¿No puedes pensar en qué historias usar para tus problemas? 84

Construir líderes es fácil una vez que los enseñas cómo manejar problemas. 91

Eligiendo cómo manejar problemas que desperdician tiempo. 112

¿Por qué todo este énfasis en manejar problemas? 124

Nuestra autoimagen. 131

PREFACIO

Esto es sólo un comienzo – no lo es todo.

El liderazgo es un tema y habilidad enorme. Este libro ciertamente no comienza a cubrir todos los principios y habilidades que requerimos dominar. Cuando escribía este libro, tuve que decidir dónde comenzar, y dónde terminar. Nadie quiere leer 1,000 páginas de filosofía de liderazgo. Nadie quiere memorizar 100 diferentes principios de liderazgo. Nadie quiere dominar simultáneamente 200 diferentes habilidades de liderazgo. ¿Y qué hay de los métodos de "cómo hacer" para implementar todo eso?

Así que si estás buscando un libro que lo haga todo, este no es el libro. Este libro es sólo un comienzo. Pero, debemos comenzar en algún lugar, ¿correcto? Si no sabemos que no sabemos, comenzar es la mejor primera opción. Así que vamos a comenzar con algunas cuestiones sobre liderazgo ahora.

Este libro tendrá algo de filosofía, algunos principios, algunas habilidades, algunos métodos de "cómo hacer", pero ciertamente no los tendrá todos. En lo que sea, aprendemos primero algo, y luego aprendemos algo más. Es por esto que este libro se llama "Volumen Uno."

"Cómo Construir Líderes De Redes De Mercadeo. Volumen Uno: Creación Paso A Paso De Profesionales En MLM" se dirige al gorila de 600 libras en la sala: los problemas.

--Tom "Big Al" Schreiter

–Soy perezoso. Sólo dame el secreto.

Si sólo puedes leer hasta esta altura del libro, el secreto es fácil.

Implementar el secreto requerirá que aprendamos algunas nuevas habilidades. Ah, eso es un poco duro. Sí, siempre hay un "gancho."

Prueba esta pequeña rutina:

Paso 1: Piensa en todos los libros, audios y seminarios sobre cómo ser exitoso en redes de mercadeo.

Paso 2: Ahora piensa en todos los manuales y programas de entrenamiento producidos por las compañías de redes de mercadeo.

Paso 3: Ahora, pon toda esa sabiduría en una gran pila.

¿Resultado?

Ahora tienes una gran pila de cosas que pocas personas jamás leerán.

¿No sería bueno reducir todo ese éxito en redes de mercadeo en **una sola frase simple**?

Bien, aquí está el secreto. Una sola frase simple que suma todo lo que necesitas saber para convertirte en un súper estrella en redes de mercadeo. ¿Listo?

Aquí está.

Para ser exitoso en redes de mercadeo, todo lo que tienes que hacer es:

¡Construir líderes y hacerlos exitosos!

Eso es. Esa es la esencia total de la enorme pila de sabiduría.

Los líderes harán fácil tu vida. Los líderes te harán financieramente seguro. Y, los líderes son **escasos**.

Pregunta a algún empresario de redes de mercadeo si tiene líderes en su grupo y responderá:

–Oh sí, seguro que tengo. Tengo algunas personas realmente buenas.

Aquí está la mala interpretación.

"Algunas personas realmente buenas" no son líderes. Son **sólo** "algunas personas realmente buenas."

Un líder es mucho más que un buen trabajador, un buen patrocinador, un buen productor.

Un líder de redes de mercadeo es alguien que...

* Saca lo mejor de los nuevos distribuidores y les ayuda a ser más de lo que podrían ser solos.

* Se asegura que sus distribuidores ordenen productos al final del mes.

* Nunca se queja con su equipo.

* Nunca se queja ni lloriquea al patrocinador o a la compañía.

* Tiene sus propias metas y aspiraciones.

* Conduce la reunión regular de oportunidad por ti cuando estás fuera.

* Se asegura que el salón del hotel esté asignado, el muestrario de producto esté en su lugar, y que la reunión comience a tiempo.

* Tiene el control personal de su actitud y no permite que influencias externas controlen su éxito.

* Fija un fuerte ejemplo personal de un enfoque firme en el objetivo final.

* Está felíz cuando no estás, por que así puede hacer su negocio en paz, sin tu interferencia, mientras disfruta de la responsabilidad de tomar y estar en control.

Hay mucho más de lo anterior, pero tienes la idea. ¡Los líderes son escasos! ¡Muy, muy escasos!

¿Qué tan escasos?

Contando líderes reales.

Bueno, si tienes un líder real en tu grupo, financieramente eres afortunado.

Si tienes dos líderes reales en tu grupo, eres muy rico – financieramente independiente.

Si tienes **tres, cuatro,** o **cinco** líderes reales en tu grupo, **¡probablemente contaste mal!**

Así de escasos son los líderes.

Los líderes son como se mide tu éxito en redes de mercadeo.

Los distribuidores vienen y van, son como la arena que se lava en la playa. Ellos no tienen ese compromiso de 100% para con su negocio de redes.

Los distribuidores piensan:

–Bueno, intentaré con esta compañía por un rato, y después, quizá intentaré con esta compañía por otro rato, después quizá miraré televisión por un rato, y si el cheque es muy pequeño, renunciaré.

Los distribuidores han pasado toda su vida aprendiendo a renunciar.

Renuncian a la escuela, renuncian a su empleo, renuncian a ejercitarse, renuncian a sus propósitos de año nuevo, renuncian a sus matrimonios, renuncian a sus dietas.

Enfrentémoslo.

La mayoría de las personas son desertores profesionales. (Ahora, eso no es enteramente malo. Renunciar a nuestro empleo o renunciar a ver televisión por la noche puede ser muy apropiado.)

Como esta gente viene y va, no puedes construir tu grupo estrictamente con distribuidores.

Necesitas líderes.

¿Desastres?

Si la prensa hace un reporte injusto sobre tu negocio, podrías perder algunos distribuidores no comprometidos.

Si ocurre un recorte de productos, más distribuidores se retirarán a navegar sin sentido en Internet y mirar televisión por cable.

Si la compañía ajusta algunas pocas políticas y procedimientos, algunos pocos distribuidores saldrán debido a que temen un cambio en sus vidas.

Sin embargo, ninguno de estos desastres afectará a tus líderes. Tus líderes continuarán patrocinando, construyendo y motivando a sus equipos.

Está bien. Tener uno o incluso dos líderes puede sonar muy bien, pero, ¿cómo construyes estos escasos, motivados y leales líderes potenciales?

Tu desearás encontrar un líder potencial que trabaje tan bien en tu ausencia, que tengas suficiente tiempo para construir un segundo líder.

El síndrome del falso líder.

Algunas personas piensan que tienen líderes o líderes potenciales, pero realmente no los tienen.

En los 80's, un par de compañías de redes de mercadeo salieron del negocio. Algunos de sus distribuidores tenían arriba de 50,000 personas en sus organizaciones.

Como su compañía de redes de mercadeo estaba difunta, muchos de estos "líderes" con organizaciones grandes fueron en busca de otra oportunidad en redes de mercadeo.

Ellos se aproximaban con un distribuidor con otra compañía y decían:

–Estoy buscando un patrocinador para ingresar a tu compañía de redes de mercadeo. Deseo unirme a tu compañía. Vengo de esta compañía que salió del negocio y tengo 50,000 personas en mi grupo.

El patrocinador se emocionaba:

–Wow, este tipo se va a unir. Tiene 50,000 distribuidores en su grupo. Voy a ser rico. Me voy a retirar. ¡Me iré a Hawai!

Quizá a Hawai en un lento carguero.

Así que el "líder" se une. Lo que el patrocinador no se dio cuenta es que el grupo no tenía lealtad para este supuesto "líder". Él nunca los ayudó realmente. Nunca hizo favores para ellos. No había relación.

De las 50,000 personas en su organización, 40,000 se retiraron de las redes de mercadeo. No querían tener nada que ver con ello.

De los 10,000 restantes, como 9,000 de ellos no estaban enterados de que este supuesto "líder" existía.

De los 1,000 restantes, como 950 conocían y odiaban a este supuesto "líder".

De los 50 distribuidores restantes, como 45 no estaban seguros si deseaban afiliarse.

Eso dejó sólo a cinco personas del equipo original de 50,000, que deseaban unirse.

Aquí está este "líder genial" quien tenía realmente como cinco distribuidores. ¡Eso no es un líder!

Encontrando esos escasos líderes.

Los distribuidores vienen y van, pero los líderes son las personas quienes son leales a ti y a tu compañía.

Ellos trabajan el negocio por sus propias razones. Ellos van a continuar construyendo el negocio cuando tu estés en Hawai o en un crucero por el Caribe.

¿Cómo consigues esa lealtad? ¿Cómo encuentras un líder como ese?

Muchos distribuidores novatos verán a un líder en una compañía diferente de redes de mercadeo. Le está yendo muy bien.

El nuevo distribuidor piensa:

–Quizá si le hago a este líder una gran oferta, pueda robarlo de su patrocinador. Renunciará a su compañía actual y se unirá a mi oportunidad. Sí, déjame hacerle una oferta de $500 extras al mes, más de lo que está ganando ahora.

Suena bien en teoría. ¿Por qué no solamente sobornar un líder hacia tu grupo?

Si no es leal a su patrocinador actual y compañía, deberá ser muy fácil.

Suena bien, pero hay un pequeño problema.

¿Qué es lo que va a pasar cuando tu nuevo líder recién robado y sobornado reciba otra oferta que sea un poco mejor que la tuya?

Digamos que alguien más ofrece a tu líder $501 extras al mes. ¡Ups! Tu líder "robado" acaba de ser robado por alguien más.

Míralo de esta manera. No puedes ir por ahí robando líderes, debido a que si no son leales a sus patrocinadores actuales, ciertamente no serán leales contigo.

Obviamente, este método no es para nosotros. ¿Qué tal algo más?

Otro acercamiento.

Lo que necesitas hacer es encontrar a alguien que no sea un líder, alguien que sea dedicado y desee aprender este negocio.

Le dices a este líder potencial:

–Si eres realmente sincero, y realmente deseas hacer este negocio, te voy a hacer exitoso. Voy a trabajar, trabajar, trabajar y trabajar contigo, te enseñaré todo lo que necesitas saber para convertirte en un líder, y continuaré hasta que construyamos un sólido grupo y un ingreso de tiempo completo.

Imagina que pasas seis meses ayudando a hacer exitosa a esa persona. ¿Crees que tu recién desarrollado líder piense bien de ti y de tu compromiso con su éxito? Por supuesto que sí. Él pensará que eres lo mejor después del pan rebanado y la televisión por cable. Incluso va a considerar colocar una foto tuya en su escritorio, al lado de la de su familia.

Ahora, ¿qué sucede dentro de seis meses, cuando otro distribuidor se aproxima a tu nuevo líder y dice:

–Hey, renuncia a donde estás ahora. Ven conmigo, comienza de nuevo desde abajo, ven y únete conmigo en mi nueva, maravillosa oportunidad de redes de mercadeo. Sé que no me conoces y te acabo de contactar ahora, y normalmente no robo líderes de otros grupos, pero estaré a tu alrededor para ayudarte. Confía en mí.

Tu líder pensará: –Hey, si esta persona está de acuerdo con robar personas de otros, ¡probablemente terminará robando personas de mí!

Tu líder con mucho tacto responderá a esta persona diciendo:

–No sé mucho sobre ti. Lo que sí sé es que no puedo ser exitoso saltando en diferentes oportunidades de redes de mercadeo. Y sé que mi patrocinador ha invertido seis meses para hacerme exitoso. No era exitoso antes, ahora lo soy, le debo algo de lealtad a mi patrocinador. Además, sé que mi patrocinador va a continuar trabajando conmigo. No sólo me dará palabras o promesas.

Tu tienes seguridad con los líderes que construyes personalmente. Puedes dormir por las noches. No estarás preocupado por piratas de redes de mercadeo con sobornos.

Así es como proteges a tu negocio para que estés constantemente construyendo y moviendo hacia adelante en un cimiento sólido. A nadie le gusta trabajar duro sólo para reemplazar líderes perdidos y negocios perdidos.

Esa es una de las claves de las súper estrellas de redes de mercadeo. Ellos construyen y conservan a sus líderes.

Duplicación real.

Hace como 35 años, un desconocido se acercó conmigo y dijo que quería ser exitoso en redes de mercadeo. Él dijo:

–De verdad quiero ir por ello. Quiero ser un gran líder.

Bien, en el transcurso de los siguientes seis meses, prácticamente vivíamos juntos. Trabajamos juntos en cada oportunidad disponible. Viajamos juntos. Hicimos presentaciones dos-a-uno y juntas de oportunidad juntos. Dimos juntas de entrenamiento juntos. Prospectamos juntos. Y ¿adivina qué?

Después de seis meses, este nuevo líder sabía todo lo que yo sabía.

¿Duplicación?

No.

Mejor que eso.

Verás, mi nuevo líder sabía todo lo que yo sabía, **además** tenía toda su experiencia personal y sabiduría. Era el producto de mi conocimiento más su propio conocimiento personal.

Sí, él era mucho mejor líder que yo.

Ahora, no es momento de ponerse celoso o molesto. ¿A cuántas personas les gustaría tener algunos líderes patrocinados personalmente que sean mejores que ellos? Definitivamente no es buen momento para dejar que el ego se te salga de las manos, por que estamos hablando de dinero – dinero en serio. Es genial tener líderes súper talentosos en tu equipo.

¿Mejor que la duplicación? ¡Totalmente!

Después de entrenar a mi nuevo líder para ser mejor que yo, ¿adivina qué hizo?

Inmediatamente comenzó a mentorear a su primer líder potencial. Durante los próximos 18 meses él entrenó a su nuevo líder emergente. Ahora, ¿qué es lo que sabía este nuevo líder después de su aprendizaje de 18 meses?

Primero, sabía todo lo que yo sabía.

Segundo, sabía todo lo que su patrocinador sabía.

Tercero, también sabía todo lo que su propia experiencia personal le había enseñado.

Este nuevo líder sabía más y era mucho mejor productor de lo que era su patrocinador o yo mismo. Él era mucho mejor en redes de mercadeo que nosotros dos – y probó el punto constantemente, recordándonos a ambos de ese hecho. Y eso está muy bien.

Ahora, en un período de menos de tres años, yo había desarrollado dos buenos y sólidos líderes que eran más talentosos que yo. Así es, yo estaba muy felíz.

¿No lo estarías tu?

Test de Inteligencia.

Ahora, compara los dos escenarios siguientes.

Escenario #1: Trabajas duro por tres años, patrocinas muchos, muchos distribuidores. Das muchas juntas de oportunidad, resuelves problemas sociales en tu equipo, cambias de compañías una o dos veces – y al final de los tres años no tienes nada.

Escenario #2: Desarrollas uno o dos líderes durante tres años, y te haces rico, te retiras, seguro y muy, muy felíz.

Hmmm, no es una elección muy difícil.

Son los líderes de redes de mercadeo estables, enfocados **que construyen un líder a la vez** quienes realmente maximizan los beneficios de una carrera en redes de mercadeo. Tienen la paciencia y la visión de que ésta es una carrera de toda la vida, no un empleo.

¿Carrera de toda la vida?

Por supuesto. Todos hacemos redes de mercadeo diariamente, ¡es mejor que nos paguen por ello!

Clasificando líderes potenciales.

Sí, siempre piensa en términos de líderes. Durante toda tu carrera vas a estar patrocinando distribuidores. Sin embargo, ocasionalmente vas a ver a alguien que diga:

–Hmmm, quizá yo puedo ser un líder también.

Ayudar a que esta persona se convierta en líder requerirá mucho trabajo y mucho tiempo. No podemos costear pasar seis meses o un año con un pseudo-líder. Queremos estar casi seguros que este prospecto para líder potencial es serio.

Después de todo, ¿quién quiere desperdiciar seis meses de su vida con un prospecto no calificado? Serán seis meses de tu vida que nunca podrás recuperar. El tiempo es un activo muy valioso.

Test de sinceridad.

¿Cómo podemos probar la sinceridad y el compromiso? Aquí hay una manera.

Pregunta a tu líder potencial:

–¿Cómo te sientes con respecto a este negocio?

Y escucha.

Hay tres tipos de compromiso. Presta mucha atención. Puede ahorrarte meses y meses de tiempo perdido.

El primer compromiso es cuando el prospecto dice: – **Bien, lo intentaré.–** Esta es la forma de compromiso más débil. Este es el compromiso que crea distribuidores temporales.

El segundo tipo de compromiso es cuando el prospecto anuncia:

–Haré lo mejor que pueda.– Esto es mucho mejor. Muchos de nuestros mejores distribuidores hacen este compromiso.

Finalmente, está el tercer tipo de compromiso cuando el prospecto promete: **–Haré lo que sea necesario.–** Nuestros líderes potenciales harán este tipo de compromiso. Y este es sólo su primer paso. Requerirá mucho más de su parte para de hecho convertirse en un líder. Pero si están reacios a tomar este primer paso, quizá quieras ahorrar tu tiempo para alguien que merece y necesita más de tu tiempo.

Así que imagina que tu distribuidor contesta:

–Este negocio suena muy bien. Estoy liso para **intentarlo**.

Cuando tu distribuidor dice que lo va a intentar, ¿qué significa realmente?

Significa que si no recibe un cheque para mañana, o si el cheque no es depositado directamente en su banco, ¿renunciará? ¿Significa que trabajará el negocio por algunas semanas, y si no tiene suerte, intentará con algo más? ¿Quizá pruebe su suerte con la lotería?

Tu distribuidor está diciendo esto:

–Lo intentaré, parece ser conveniente. No parece requerir mucho trabajo.

Presiona un poco más duro por un compromiso y escucharás a este distribuidor decir:

–¿Me estás diciendo que tengo que asistir a juntas de oportunidad? ¡Ya sé cómo terminan! Y, ¿usar el producto? ¿Por qué debería de usar el producto? Sólo quiero venderlo.

O,

–¿Por qué debería de asistir a entrenamientos? Sólo quiero ser rico. No existe algún atajo?

Básicamente, estamos hablando aquí acerca de un distribuidor con el nivel de compromiso más bajo. Éste no es un líder potencial.

Un mejor compromiso.

Preguntemos a otro distribuidor:

–¿Cómo te sientes con respecto a este negocio?

Y escucha.

Él contesta:

–Haré lo mejor que pueda.

Muy buen compromiso, ¿no es así? Te gustaría que uno de tus distribuidores se aproximara contigo y dijera:

–¡Sí! Quiero ser un líder. Y, ¡tienes mi compromiso de que haré lo mejor que pueda!

¿Y sabes qué? Este distribuidor hará lo mejor que pueda. Ahora, si lo mejor que pueda no es suficiente para llegar a la cima, para convertirse en un líder, ¿qué pasa?

Tu distribuidor dice:

–Bueno, hice lo mejor que pude. Le di mi mejor esfuerzo. Y no funcionó.

¿¿¿Y no funcionó???

¡Auch!

Eso no es lo que quieres escuchar después de una inversión de seis meses en tu líder "potencial".

Él dio su mejor esfuerzo. Trabajó duro. Es un muy buen compromiso, pero eso **no lo hace** un líder.

De hecho, lo que tenías era un muy buen distribuidor.

Nada de malo en ello.

Todos queremos buenos distribuidores comprometidos. Pero el nivel de compromiso de –Haré lo mejor que pueda,– no es suficiente como para que arriesgues seis meses de mentoría día a día.

Tu vas a querer un compromiso más alto antes de tomar un "líder en entrenamiento"

Compromiso real.

Preguntemos a otro líder potencial:

–¿Cómo te sientes con respecto a este negocio?

Y escucha.

Él contesta:

–¡Haré lo que sea necesario!

Ahora, **ese es** el tipo de compromiso que estás buscando.

Este es el tipo de compromiso que puede resistir huracanes de negatividad, y el rechazo de amigos, parientes y compañeros de trabajo. Este líder potencial responderá ante los retos con un espíritu de compromiso total hacia su meta.

Cuando un grupo de amigos digan: –No,– él simplemente se dirá a sí mismo:

–Bueno, sólo hablaré con más personas.

Cuando todo su mercado caliente lo rechace, él dirá:

–Quizá debo de trabajar en mis habilidades de presentación y comunicación.

Cuando la competencia trate de robar a tu líder potencial para llevarlo a sus programas, él dirá:

–No es tu programa o mi programa lo que me hará rico. Es mi esfuerzo personal y efectividad lo que me hará rico. Me quedaré con mi mentor hasta que tenga éxito.

¡Qué diferencia puede hacer un compromiso total! Éstos son los escasos individuos con los cuales queremos invertir para desarrollarlos en verdaderos líderes.

Recuerda, sólo toma un líder para hacerte "financieramente afortunado."

Y si desarrollas dos líderes, entonces serás rico más allá de tu más salvaje imaginación. Y si piensas que tienes tres, cuatro o incluso cinco líderes, bien, probablemente contaste mal. Los líderes son escasos.

Así que no pases dos años o veinte años acarreando agua. Te quedarás exhausto, estarás frustrado, y nunca harás progresos permanentes en tu negocio.

En lugar de eso, invierte tu precioso tiempo en redes de mercadeo desarrollando **líderes**.

¿Dónde encuentro líderes?

Y, ¿cómo los desarrollo? ¿Qué les enseñaré? Importantes preguntas.

Todos desean una organización masiva y más líderes en su grupo. La vida sería maravillosa. Los cheques serían demasiado pesados para levantarlos. Y, podríamos mirar televisión por cable 24 horas al día.

Así que, ¿por qué no tomar un atajo para construir tu negocio de redes de mercadeo? La manera más fácil de construir una gran organización es a través de la ayuda de líderes.

No podemos construir una organización muy grande por nuestra cuenta si sólo patrocinamos distribuidores. Nuestro tiempo es limitado. Sólo podemos dar servicio a determinados distribuidores y sus problemas. Incluso los mejores distribuidores necesitan algo de servicio y ayuda.

El camino para multiplicar nuestros esfuerzos es **crear** líderes que puedan cuidar sus propios grupos. Duplicarnos a nosotros mismos al crear líderes nuevos es el único camino para construir una gran y masiva organización.

Entonces, ¿por dónde comenzamos?

Primero, vamos a determinar la diferencia entre un líder de redes de mercadeo y un distribuidor.

Los distribuidores son temporales. Ellos vienen y van dentro de nuestro negocio. Algunas veces trabajan duro y construyen grupos, y otras veces pueden continuar como usuarios de producto al mayoreo, o incluso renunciar. Y está bien que los distribuidores sean temporales. Ellos deben de tener el derecho de venir y tomar lo que deseen dentro de nuestro negocio.

Por ejemplo, aquí hay algunos puntos que los distribuidores quieren de nuestro negocio:

* La posibilidad de ahorrar en sus compras personales.

* La oportunidad de hacer ganancias por ventas al menudeo.

* El sentimiento de pertenecer a un grupo de personas positivas.

* Una oportunidad de desarrollarse personalmente.

* Algunos cheques rápidos para pagar tarjetas de crédito.

* Un ingreso de tiempo parcial para mandar un hijo a la universidad.

* Pagos para autos.

* Dinero suficiente para sus vacaciones de ensueño.

Todas éstas son grandes razones para ser un distribuidor. Debemos apoyar y dar servicio a nuestros distribuidores para alcanzar estas metas. Sin embargo, la verdad es que este apoyo y servicio sólo debe tomar de 10% a 20% de nuestro tiempo. ¿Por qué?

Debido a que los distribuidores no desean ni necesitan mucho apoyo.

Algunos distribuidores dirán:

–Oh, no me sigas llamando para esas juntas de oportunidad. Y tampoco estoy interesado en esas juntas de entrenamiento. Llámame cuando el presidente venga a la ciudad, o si la compañía introduce un nuevo producto. De otra manera, déjame en paz.

De nuevo, esto está bien. Sólo queremos ayudar a que los distribuidores obtengan lo que quieren de nuestro negocio. No queremos forzar **nuestros planes** sobre ellos. Ellos apreciarán que los respetemos y tratemos como adultos y les permitamos elegir sus propias metas.

Pero recuerda, tus distribuidores sólo tienen un compromiso temporal. Cuando el periódico escriba un artículo difamatorio sobre tu compañía, tu distribuidor podría irse.

O cuando la oficina matriz olvide regresar la llamada del distribuidor, de nuevo, el distribuidor podría irse. O quizá un poco de rechazo de los prospectos rápidamente terminará con la carrera de tu distribuidor.

Los distribuidores vienen y van, pero los líderes lo son todo.

Bien, todos sabemos que los líderes son más importantes que los distribuidores.

La mayoría de los distribuidores son temporales y tienen un compromiso temporal hacia su negocio – y eso no está mal. Como todos nosotros, tomarán lo que quieran del negocio y continuarán con sus vidas.

Pero los líderes van a continuar contigo y tu negocio por mucho tiempo. Así que, ¿qué preferirías tener?

¿Un líder o 100 distribuidores?

Eso es fácil de responder para nosotros. ¡Un líder! Sin embargo, debes de estar pensando:

–Sí, tener un líder es genial, pero quizá 100 distribuidores me den algunos buenos cheques.

El problema es que tendremos que **reemplazar** esos 100 distribuidores conforme pasa el tiempo, y en lugar de construir ese ingreso residual del que hablamos, terminaremos con un empleo de tiempo completo reemplazando distribuidores.

Cuando nos enfocamos en los líderes, cambia cómo construimos el negocio.

La gente siempre me pregunta:

–¿Cuál es el secreto del éxito en redes de mercadeo?

Tengo una respuesta rápida y breve que he usado por años. Tú probablemente la recuerdas del comienzo de este libro.

"Para ser exitoso en redes de mercadeo, todo lo que tienes que hacer es construir líderes y hacerlos exitosos."

En otras palabras, si tienes la opción de salir y hacer una fiesta de ventas al menudeo para vender algún producto para el cuidado de la piel, o vitaminas, o lo que sea, está bien – pero eso es probablemente un empleo. Eso no es construir el tipo de ingreso residual que deseas.

Mientras que ésta actividad es parte de tu negocio, ésta actividad no será la ruta más rápida hacia tu meta de convertirte en un líder.

Debes de pensar diferente si vas a construir una gran y exitosa organización. Vas a enfocarte cuidadosamente en **cuáles** actividades haces, por que quieres ser un líder pronto.

Te mostraré la diferencia.

Hace muchos años, volé a Inglaterra para iniciar una organización. Llegué y un amigo mío, John Church, me encontró en el aeropuerto. Debido a que yo tenía una relación con John, él ya se había comprometido a convertirse en distribuidor – incluso cuando no tenía detalles.

Cuando bajé de mi avión, John ya me esperaba. Tenía a su primer prospecto con él, un hombre llamado Brian. Bueno, he dado una horrible presentación por la descompensación horaria y Brian se afilió. No se unió debido a mi presentación. Se unió debido a que era amigo de John Church.

Las relaciones **hacen** la diferencia.

John Church y yo entonces procedimos a conducir hacia su casa para que yo pudiera dormir un poco. Antes de llegar a casa de John, su teléfono móvil sonó. Era su nuevo distribuidor, Brian.

Brian dice:

–Tengo un contacto como a ocho horas, en Escocia, y me gustaría que pudieran ir a hablar con él. Acabo de colgar el teléfono con él y dijo que puede o no estar interesado – pero que le daría un vistazo al negocio si conducen para hacer una reunión. El puede acercarse dos horas si ustedes conducen las otras seis horas.

John me miró y dijo:

–¿Ocho horas?

Yo respondí:

–Dile a Brian que **no hay problema**. Estamos en camino – sólo danos las direcciones.

Bien, no conseguí esa siesta que deseaba. En su lugar, John y yo seguimos conduciendo hacia Escocia. Durante el camino, John dijo:

–¿Estamos locos? ¡Estamos conduciendo seis horas por alguien que puede ni aparecer!

Yo dije:

–Está bien.

John exclamó:

–¿Qué quieres decir con 'está bien'? Seis horas de ida y seis horas de vuelta y este prospecto semi-comprometido puede ni aparecer!

Expliqué mi posición:

–John, no estamos yendo hacía allá para dar una presentación. Vamos allá para **apoyar** a Brian. Queremos dejar que Brian sepa que debido a que desea ser un líder, vamos a ayudarlo hasta el fin del mundo **sin importar qué**, hasta que se convierta en un líder. Es irrelevante si este prospecto aparece o no. No es la gran cosa. Estamos conduciendo seis horas para mostrar nuestro compromiso con Brian.

Esa es la diferencia de enfoque de la que hablo. Debido a que estamos enfocados en construir un líder, nuestras actividades también cambian. Nos concentraremos en diferentes tareas y tomaremos diferentes puntos de vista en situaciones que los otros empresarios. Por que estamos construyendo líderes.

El ejemplo de arriba con Brian y John también cambiará cómo te sientes sobre el fracaso, cuando alguien no aparece en la reunión, o cuando muchos invitados no vienen. Tendrás menos estrés y más enfoque debido a que estás pensando:

–La razón por la que estoy haciendo esta junta es para desarrollar a esta persona en un líder.

Esto ayuda a enfocarnos en lo que hacemos debido a que sabemos **por qué** estamos haciendo nuestra actividad presente. Este enfoque y entendimiento nos ayuda a movernos adelante en nuestro negocio, y hacemos progresos.

Así que eso es a lo que me refiero al **cambiar lo que haces** para construir líderes en lugar de otras muchas actividades menos importantes que pueden saturar tu día.

Ahora, anteriormente pregunté que si preferirías tener un líder en lugar de 100 distribuidores. Estoy seguro que elegiste "un líder".

Pero en caso de que sigas escéptico, considera el siguiente ejemplo.

Los generales hacen una diferencia.

Imagina que eres el supremo dictador de tu propio país. Es un muy buen trabajo, y tienes tu propio ejército con cinco leales generales. También tienes 100,000 hombres de infantería. (Por supuesto, los generales representan líderes y la infantería representa distribuidores, en caso de que no estés siguiendo la analogía).

Lo que pasa después, es que una noche, yo me escabullo tras líneas enemigas y ataco a tu ejército. Uso mi cinturón rosa en karate y hago "chop-chop-chop" y derroto a toda tu infantería de 100,000 hombres.

La mañana siguiente vas a despertar y sólo tienes cinco generales restantes. Todos tus hombres de infantería se fueron a casa con sus madres a lloriquear.

Ahora, hay una pregunta importante.

¿Con sólo cinco generales restantes puedes reconstruir tu ejército?

Por supuesto que puedes. Esa es la importancia de los líderes. Cuando las cosas van mal y todos abandonan el barco, puedes reconstruir tu organización si tienes líderes leales.

¿Qué tal si sucede lo contrario?

¿Qué tal si yo me escabullo tras líneas enemigas y secuestro a tus cinco generales? ¿Qué sucedería entonces?

La mañana siguiente, vas a despertar y todo lo que tienes restante son tus 100,000 hombres de infantería sin liderazgo ni dirección. Comienzan a marchar en círculos, disparan hacia adentro, pisan las letrinas y se pierden en el bosque. ¡Es un desastre!

Así que, como ves, los generales lo son todo.

Algunos empresarios construyen líderes. Otros sólo están muy ocupados.

Eso explica por qué algunos empresarios pueden trabajar por unos años y finalmente retirarse de su negocio. Estos empresarios enfocaron toda su actividad en construir líderes.

¿Y los otros empresarios? ¿Los que estaban muy ocupados? Bueno, siguen muy ocupados.

Si no estás convencido de que construir líderes es importante hasta este punto... bueno, no sé qué más podría decir.

¡Está bien, está bien! ¡Vamos por algunos líderes!

Necesitamos un plan paso a paso. Y eso es fácil debido a que estudié ingeniería. Si no estás familiarizado con los ingenieros, necesitamos un plan paso a paso para todo. Por eso nos es difícil bailar sin planos o instructivos, y nadie nos ha dado el libro guía para coordinar prendas de vestir. Por eso, nuestros gustos en moda son... diferentes.

Por ejemplo, cuando los ingenieros caminamos, tenemos un plan. Nosotros pensamos:

–Pie izquierdo, luego pie derecho. Pie izquierdo, luego pie derecho, etc.

Bueno, regresemos a nuestro plan detallado. Vamos a crear nuestro plan maestro en tres fáciles pasos. Al dominar cada paso, un paso a la vez, terminaremos con una organización de líderes.

Aquí están los pasos a dominar:

Paso #1: Define lo que es un líder.

Paso #2: Cómo encontrar líderes.

Paso #3: Qué enseñar a los líderes.

Paso #1: Define lo que es un líder.

Antes de ir a buscar líderes, ¿no sería una buena idea saber **cómo se ve un líder**?

Es mucho más fácil encontrar a alguien si sabemos cómo se ve.

En una teleconferencia de entrenamiento reciente, pregunté al grupo:

–¿Alguien en la llamada de esta noche tiene una buena definición de lo que es un líder?

Las respuestas fueron:

* Alguien que está dispuesto a salir adelante y fortalecer a otros.

* Alguien que se asegura de que se haga lo que se necesita hacer.

* Alguien que es enseñable.

* Alguien que es bueno con la gente – un buen comunicador.

* Alguien con visión.

* Alguien que desea aprender y desea ser exitoso.

* Alguien que se compromete a tomar la acción requerida para llegar a la cima.

Y esa fue la lista. El resto de las personas estaba en silencio. No creo que hayan pensado en esta pregunta jamás. No me puedo imaginar cómo buscan líderes si no saben cómo se ve un líder.

¿Cuál es mi definición de un líder?

Yo tengo **tres** definiciones de un líder. Estas no son las únicas tres definiciones. No lo incluyen todo. Éstas son sólo tres definiciones para comenzar a darnos una idea de lo que estamos buscando.

La primera definición que escuché es de un hombre llamado Tracy Dietrich en Dallas, Texas. Él dice que los líderes son:

Estudiantes profesionales del negocio.

En otras palabras, los líderes de hecho leen el manual de ventas que vino con su paquete de distribuidor. Bajo esta definición, todo lector de este libro sería un líder. Somos estudiantes de redes de mercadeo – siempre buscando nuevas ideas e información.

Los líderes escuchan audios de entrenamiento, leen libros, asisten a reuniones y, cada vez que pueden, asisten a las convenciones de la compañía. Verás líderes conviviendo alrededor de los líderes activos con la esperanza de recoger alguna buena idea.

Me gusta esta definición. Hace fácil ubicar líderes. Sólo asiste a cualquier reunión de entrenamiento y verás las sillas llenas de líderes. Los líderes quieren aprender.

Suena bien, pero ¿cuál es mi segunda definición de un líder?

Esta definición es más difícil de explicar pero fácil de **observar**.

Imagina que decides tomar unas vacaciones en Hawai. Vas a pederte tu junta semanal de oportunidad. Alguien tendrá que conducir tu junta semanal.

Un líder conduce la junta de oportunidad, se asegura que el muestrario de producto esté ahí, hace el pago del salón, y asume la responsabilidad para asegurarse de que todo corra suavemente. **Y no tienes que llamar desde Hawai para ver si todo se hizo.**

En otras palabras, tú estás de vacaciones y no tienes que preocuparte o revisar nada. ¡Este líder está **agradecido** por que saliste de la ciudad para que él pudiera tomar la responsabilidad!

Esta es una muy buena definición de un líder. Él es alguien que hace su negocio sin tu constante motivación ni revisiones. Es alguien por quien no debes preocuparte.

La tercera definición de un líder es la más dura.

Esta definición separa los supuestos líderes de los líderes reales. Aquí está:

Un líder es alguien que maneja **problemas**.

Digamos que hay un problema en la organización. Mike no recibió su orden o Mary habló más que Al o hay algunas malas noticias en la prensa local, o lo que sea.

Un líder maneja el problema.

Tu líder hablará a la oficina central para rastrear la orden, ayudará a Al a entender por qué Mary habló más, o apoyará y consolará a un distribuidor devastado que está molesto con alguna mala publicidad.

La prueba de liderazgo es esta:

¿El problema se filtrará hacia arriba hasta ti?

Si tienes un distribuidor que piensas que es un líder – pero el distribuidor sigue pasando problemas hacia ti, este distribuidor no califica para ser un líder.

Esta es una prueba dura, pero separa a los líderes de la multitud.

Ahora tenemos tres claras descripciones de un líder. Sabemos exactamente lo que estamos buscando.

Ahora que tenemos un buen entendimiento sobre lo que es un líder, la próxima pregunta en tu mente debería de ser:

Paso #2: ¿Cómo encuentro líderes?

Paso #2: ¿Cómo encuentro líderes?

Eso es simple.

Sólo hay dos maneras de conseguir líderes.

La primera manera de conseguir líderes es **robarlos**. Hablamos de eso antes, cómo piensa un nuevo distribuidor:

–Quizá si le hago una oferta genial a este líder, lo pueda robar de su organización. Renunciará a su compañía actual y vendrá a unirse a mi oportunidad. Sí, déjame ofrecerle $500 extras al mes, más de lo que está ganando ahora.

¡Auch!

Si este líder puede ser comprado una vez, este líder puede ser comprado de nuevo.

Así que podríamos robar líderes, pero el problema es que sólo terminaremos con líderes **temporales**. Esto significa que tendríamos un empleo por el resto de nuestras vidas reemplazando líder tras líder, ¿no es así? Esto no es lo que estamos buscando.

Verás, muchos distribuidores se anuncian buscando líderes. Ellos intentan persuadir líderes para que se unan con ellos en el nuevo gran negocio por que cuesta una décima de centavo menos o paga 1% más. Pero, ¿qué pasa cuando alguien más cobra dos décimas de centavo menos o paga 2% más?

El líder temporal se ha ido.

Además, los líderes usualmente no están sentados en casa, desempleados, respondiendo anuncios de patrocinadores desesperados. Ellos no están a la espera. Ellos están afuera, haciendo algo.

Es un empleo de tiempo completo el reemplazar líderes temporales. No es realmente construir una organización de redes de mercadeo leal y permanente.

Ahorremos tiempo y eliminemos posteriores discusiones acerca de robar líderes debido a que no es lo que de verdad queremos hacer. Queremos ingresos permanentes.

Así que, ¿cuál es la segunda manera de conseguir líderes?

La segunda manera de conseguir líderes es **construirlos desde cero**.

En otras palabras, vamos a encontrar a un distribuidor que **no** es un líder ahora. Después, vamos a **enseñarle** exactamente **cómo** convertirse en líder.

¡Pero hay un reto!

Si el distribuidor no es un líder ahora, se va a ver exactamente como cualquier otro distribuidor temporal, ¿cierto? Así que, ¿cómo se ve un líder?

Perfil de un líder.

En un evento de liderazgo, pedí a todos los líderes que se pusieran de pie, voltearan a su alrededor a los otros líderes, y vieran cuántos de los otros líderes eran como ellos.

Después de una mirada, los líderes no pudieron encontrar a ninguno que se viera como ellos.

¿La lección?

No pases mucho tiempo tratando que las personas sean como tu, que actúen como tu, que hagan exactamente las mismas cosas que tu, etc.

Está bien tener líderes que no sean copias tuyas al carbón. Permíteles la libertad de conducir su negocio a su manera.

Un "sistema" no se ajustará a todos. Tener un sistema es genial. La mayoría de los nuevos distribuidores quieren un sistema. Sólo recuerda que la misma talla no se ajusta a todos.

¿Y qué estamos buscando?

¿Cómo sabemos a quién construir como líder? ¿Cómo evitamos perder tiempo construyendo a la persona incorrecta que nunca se convertirá en líder?

¿Alguna vez has trabajado con alguien que es enseñable, comprometido a la acción, deseoso de ser un líder – y esa persona **nunca** se convirtió en líder? ¿Alguna vez te ha pasado? ¿Has experimentado el tiempo y esfuerzo perdidos?

Bueno, yo pasé mis primeros 15 años en redes de mercadeo con la misma frustración.

Hice esto. Yo decía:

–Si deseas ser un líder, vamos por ello.

Prácticamente me mudaba con el distribuidor comprometido. Conducíamos a todo el país juntos. Hacíamos llamadas juntos. Dábamos reuniones juntos. Le enseñaba al distribuidor todo lo que sabía.

Y la mayoría del tiempo, no se convertía en líder.

Terminé desperdiciando mucho de mi tiempo. El distribuidor desperdició mucho de su tiempo. Y nada permanente fue logrado.

Todo eso cambió cuando conocí a un tipo llamado Tom Paredes. Él llegó conmigo y dijo esto:

–Big Al, eres un idiota.

Por supuesto que esto llamó mi atención inmediatamente. Me dije a mi mismo:

–Mejor escucho a este tipo. Tiene razón. Está diciendo la verdad. He estado desperdiciando todo este tiempo trabajando duro – pero entrenando a las personas equivocadas.

Tom Paredes continuó. Él dijo:

–Si vas a entrenar a todo el que **diga** que desea ser un líder, no va a funcionar. Hablar es barato.

Bueno, hice la pregunta obvia:

–¿Y cómo sabes a quién entrenar y a quién no entrenar? Todos quieren ser líderes. Eso es lo que me dicen. ¿Cómo sabes con quién trabajar?

Tom Paredes respondió:

–Simplemente les das una prueba.

Me di una palmada en la frente. ¡He desperdiciado quince años! ¿Por qué no he dado a estos candidatos una prueba? Bueno, por que... nunca pensé en ello. Hay un viejo dicho que dice así:

"No creas en lo que la gente dice, sólo observa lo que **hacen**."

Y ahora que sabía que tenía que dar a los candidatos una prueba, ¿cuál sería mi próxima pregunta obviamente?

¡Correcto! ¿Qué clase de prueba debo darles?

De nuevo, Tom Paredes tenía una simple respuesta. Él dijo:

–¡Les das un libro! Diles que lean el libro y que vas a revisar con ellos dentro de tres días para discutir el libro.

Ahora todo cobró sentido.

Imagina que estás en el negocio y me patrocinas. Yo digo que quiero aprender cómo ser un líder, así que tu me dices:

–Big Al, aquí está un libro que te ayudará verdaderamente a construir tu negocio. Sé que deseas ser un líder. Hoy es lunes. ¿Por qué no nos vemos el jueves y discutimos lo que hay en este libro? Te mostraré cómo puedes usar los principios en este libro para tu negocio.

Por supuesto que te agradeceré por el libro y diré que estoy ansioso por nuestra reunión del jueves. Bien, llega el jueves y tu me llamas.

Comienzo a hacer excusas al teléfono y digo:

–Bueno, no pude leer el libro el lunes, por que es cuando televisan el fútbol de los lunes por la noche. Y luego el martes, tuve que trabajar horas extra en mi empleo. El miércoles por la noche es noche familiar. Es cuando la familia sale y yo puedo mirar televisión en paz. Así que todavía no he leído el libro.

¿Qué te dice eso de mi?

Eso dice:

"Hey, si no puedo poner suficiente esfuerzo para leer el libro, ¿qué posibilidad hay de que ponga el esfuerzo para llevar invitados a las reuniones? ¿Para asistir a entrenamientos y escuchar audios? ¿Para conducir a las convenciones? ¿Para tolerar problemas y retos en mi camino a la cima?

Esto no significa que nunca seré un líder. Sólo significa que en este momento en mi vida, no estoy dispuesto para hacer un compromiso. No significa que sea una persona terrible, sólo significa que, hey, no voy a imprimir el esfuerzo para aprender a ser un líder ahora.

Es importante que demos esta prueba **antes** de invertir tiempo en entrenar a un distribuidor para ser líder. Si no damos esta prueba, cualquier tiempo que pasemos con un distribuidor sin compromiso, será tiempo perdido.

Quizá estemos robando tiempo de alguien que necesita desesperadamente ser un líder.

Pero qué pasa si me das un libro y la mañana siguiente te llamo a las 6am.?

Yo digo:

–Sé que es temprano, pero estoy cargado de emoción. He subrayado el libro y tomado notas. Sé que son las 6am., pero vamos a reunirnos para desayunar. Si nos apresuramos, podemos desayunar a las 6:30am., y hablar sobre el libro antes de irme al trabajo.

¿Qué te diría eso?

¡Ka-chín!

Tenemos un ganador. Esta es una prueba simple pero hace toda la diferencia del mundo.

A propósito, no he mencionado qué libro dar como prueba, ¿o sí?

Desde luego, puedes darles un libro de "Big Al" debido a que aprenderán habilidades geniales para redes de mercadeo. Cualquiera de mis libros fabulosamente escritos será suficiente.

¡Pero no importa qué libro uses como prueba!

¿Por qué? Por que es sólo una prueba. Sólo estás revisando la **acción** de parte de tu líder potencial.

Recuerda, casi todos **dirán** que quieren convertirse en líderes, pero hablar es barato. Tienes que revisar esa acción y compromiso.

Así que si no tienes un libro a la mano, puedes darles una revista de National Geographic ¿cierto? No importa. Sólo estás revisando la acción.

Por cierto, si no tienes un libro o una revista, ¿qué más puedes dar cómo prueba?

Puedes usar un video, un audio o hacer que tu líder potencial escuche una llamada de conferencia – o enviarlo a la tienda por galletas y leche. Es sólo una prueba.

Pero si no tienes un libro, un audio, o incluso un video, deberás reconsiderar **tus** capacidades de liderazgo.

¡Peligro! ¡Peligro! ¡Depresión a la vista!

Cuando le des a tus posibles candidatos de líderes esta prueba, tengo que darte esta advertencia:

Puede que te deprimas.

Después de leer sobre esta prueba, querrás tomar un libro y darle esta prueba de liderazgo a tu cuñado, tus amigos y tus mejores distribuidores.

Puede que esperes demasiado de estas personas.

Déjame contarte una historia sobre un amigo mío en Canadá. A él le estaba yendo muy bien con su negocio, pero después de que escuchó sobre esta prueba de liderazgo, salió y le dio la prueba a algunos de sus distribuidores.

Me llamó un año después y dijo:

–Tomé tu consejo el año pasado y le di a mis mejores distribuidores la prueba de liderazgo. Les di a todos un libro. Esto es lo que sucedió. Todos mis supuestos líderes - **¡reprobaron!** Me sentí muy mal y totalmente deprimido.

Después, esto es lo que hice. Le di esta misma prueba a varios de mi "segunda fila". Tú sabes, las personas que no conducen un auto tan lindo, no tienen muchos contactos, no tienen un vocabulario tan amplio, no lucen como personas de ventas – sólo distribuidores ordinarios que no eran tan buenos como mis mejores personas.

De nuevo, la mayoría de mi "segunda fila" fracasó. Sin embargo, unos pocos de estos distribuidores pasaron la prueba, y he pasado el año trabajando con ellos. ¡Ha sido el año más productivo de mi vida!

No tengo que llamar a estas personas para asegurarme que vienen a las juntas. **Ellos me llaman** para asegurarse de que yo estaré ahí. Tenemos a las personas más positivas en nuestras juntas de oportunidad – personas motivadas, personas que se mueven. ¡Ha sido un año fantástico!

La razón por la que te cuento esta historia **no** es por que tiene un final felíz.

Te cuento esta historia por que esto es lo que te va a suceder después de leer este libro.

Le darás la prueba de liderazgo a muchos de tus mejores distribuidores y la mayoría de ellos va a reprobar. Y después dirás:

–Yo sé que mi cuñado sería un gran, gran líder y la única razón por la que no leyó el libro es...

Y comenzarás a fabricar excusas para personas que no están listas para convertirse en líderes.

Luego, comenzarás a invertir tiempo con personas muy lindas que no pasaron la prueba de liderazgo – y no se convertirán en líderes. Malo para el negocio.

Así que prepárate para algo de decepción. No tomes los resultados personalmente. Tu sólo estás buscando por distribuidores que pasen la prueba y estén dispuestos a invertir acción para respaldar sus palabras.

No inviertas tiempo de entrenamiento de liderazgo con distribuidores que no pasen la prueba.

Déjame darte un ejemplo de las conversaciones que tendrás con los distribuidores que no pasen la prueba de liderazgo.

***

Distribuidor: –He trabajado este negocio por tres meses ya, y no estoy haciendo ningún dinero. Este negocio no funciona.

Big Al: –Qué extraño. Este negocio parece funcionar para algunos. Y si este negocio funciona para unos, y no funciona para otros, entonces quizá el negocio no es lo que hace la diferencia. Debe haber otro factor.

Distribuidor: –Bueno, los productos son muy caros. Por eso no puedo hacer que el negocio funcione.

Big Al: –Qué extraño. Yo pienso que todos en nuestra compañía tienen los mismos productos. No pienso que ninguno de los líderes reciba un conjunto especial de productos con precios especiales. Los líderes reciben los mismos productos que los demás distribuidores. Hmmm. No pienso que los productos son lo que hace la diferencia en tu negocio.

Distribuidor: –Si el plan de compensación pagara mejor, sería más fácil hacer que los prospectos se unan. ¿Por qué la compañía no paga más dinero en patrocinios personales?

Big Al: –Qué extraño. Yo pienso que los líderes tienen el mismo plan de compensación que los demás distribuidores.

Distribuidor: –¿Qué estás tratando decir? ¿Estás diciendo que es mi culpa? ¿Me estás acusando de no ser un líder?

Big Al: -Bueno, veamos. ¿Estaría bien si te hago algunas preguntas sobre cómo estás intentando construir tu negocio?

Distribuidor: –Seguro. Adelante.

Big Al: –Cuando das presentaciones con prospectos, ¿sabes cuáles son las tres razones por las que los prospectos hacen la decisión de afiliarse?

Distribuidor: –Uh, ¿tres razones? Bueno, creo que no se. No estoy seguro de cuáles son las tres razones que determinan las decisiones de los prospectos.

Big Al: –Cuando hablas con prospectos, ¿respondes las tres preguntas que los prospectos necesitan saber en función de hacer una decisión inteligente de afiliarse o no afiliarse?

Distribuidor: –¿Tres preguntas importantes, eh? No, no creo que me sean familiares. Quizá no respondo esas tres preguntas en mi presentación.

Big Al: –Cuando das una presentación, ¿cuál es la primera frase que usas para hacer que los prospectos se interesen en lugar de de que se alejen?

Distribuidor: –Bueno, más o menos lo hago sobre la marcha. No estoy realmente seguro sobre qué primera frase usar para hacer que los prospectos se interesen. Pero realmente no importa. De todas formas no tengo muchas citas o presentaciones.

Big Al: –¿No tienes muchas presentaciones, eh? Entonces, ¿cuáles dos frases usas para concertar una cita? Si usas las dos frases correctas, puedes concertar citas con casi 100% de las personas con las que hablas.

Distribuidor: –Está bien. No tengo idea. Quizá sea por eso que no puedo concertar citas para presentaciones.

Big Al: –Conoces a alguien en una fiesta. Piensas que podría ser un buen prospecto para tu negocio. ¿Cuál pregunta simple, de cuatro palabras, puedes usar para construir confianza?

Distribuidor: –No lo sé.

Big Al: –¿Con qué pregunta de cinco palabras puedes crear un prospecto interesado?

Distribuidor: –Creo que quizá me pueda ir mejor si supiera qué decir y hacer.

Big Al: –¿Cuál es el mejor lugar para encontrar buenos prospectos?

Distribuidor: –Ojalá supiera dónde encontrar buenos prospectos.

Big Al: –¿Cómo puedes convertir prospectos neutrales en prospectos buenos?

Distribuidor: –No tengo idea.

***

Y así siguió la conversación.

Frustrante, ¿no es así? Un distribuidor quiere ganar grandes cheques, pero no invertirá el tiempo y la energía para aprender las habilidades necesarias para ganar grandes cheques.

Y aquí está la parte triste de esta conversación.

¡Todas las respuestas a las preguntas que hice estaban en los CDs que le **presté** hace dos meses!

En lugar de aprender qué hacer, este distribuidor reprobó la prueba de liderazgo y miró televisión, hizo algunas llamadas de prospección sin éxito, y se convenció a sí mismo de que "el negocio no trabaja."

Bien, está en lo correcto. "El negocio no trabaja."

Nosotros trabajamos.

Hice una labor pobre al cubrir este hecho importante con el nuevo distribuidor cuando se afilió. No tiene toda la culpa. Es difícil saber "lo que no sabes."

Alguien tiene que informar a los distribuidores de lo que no saben. Ese es sólo uno de nuestros trabajos como líder. No podemos asumir que los nuevos prospectos saben todo lo que necesitan saber y dominar para ser exitosos.

Pero, antes de invertir ese tiempo en entrenamiento, asegúrate que ese distribuidor pasó la prueba de liderazgo primero.

Puedes correr con 1,000 líderes, pero sólo puedes arrastrar... ¡a uno!

No podemos construir un equipo gigante sin líderes. Y no podemos construir líderes si estamos arrastrando personas con nosotros en cada paso del camino.

Continuemos. Hemos dado a nuestros distribuidores la prueba de liderazgo e identificado personas **que se ven como** distribuidores ordinarios, **que actúan como** distribuidores ordinarios, pero éstas son personas especiales. Estos pocos elegidos, ahora serán **entrenados** para convertirse en líderes.

¡Aquí está la pregunta de los $64,000!

¿Recuerdas el paso #3? Bueno, si no, déjame revisar estos tres lógicos pasos.

Paso #1: Define lo que es un líder.

Tenemos tres definiciones. Este paso es fácil.

Paso #2: Cómo encontrar líderes.

Acabamos de cubrir esto. Seguro, podemos encontrar líderes, pero ellos serán líderes temporales. La manera permanente de construir líderes es entrenar a distribuidores ordinarios (que pasen la prueba de liderazgo) para que se conviertan en líderes.

Paso #3: Qué enseñar a los líderes.

Sí, ¡ésta es la gran pregunta! ¿Qué es lo que saben los líderes que los distribuidores **no** saben?

¿Por qué no vemos eso de inmediato?

Paso #3: Qué enseñar a los líderes.

Míralo de esta manera. Has enseñado a tu nuevo distribuidor a ser un buen distribuidor – y eso significa que le has enseñado:

* Todo sobre los productos.

* Todo sobre la compañía.

* Cómo ser leal.

* Cómo crear afinidad con los prospectos.

* Cómo "Romper el Hielo" para conseguir presentaciones.

* Cómo trabajar en equipo.

* Cómo ser positivo.

* Cómo patrocinar de manera efectiva.

* Cómo vender productos.

* Cómo duplicar sus esfuerzos, etc., etc., etc.

Después de enseñar a tu distribuidor todas estas importantes habilidades, ahora tienes un distribuidor realmente bien entrenado – **¡pero no tienes un líder!**

Así que ahora decides que vas a enseñar a tu distribuidor a convertirse en líder.

¿Qué es lo que vas a enseñar?

¿Qué debe saber este distribuidor que lo hará un líder?

¡Buena pregunta!

Deseo que dejes de leer en este momento, y pienses en esta pregunta. ¿Por qué? Debido a que, como empresarios ocupados, nos involucramos tanto en construir el negocio que fallamos en detenernos, pensar, y planear exactamente qué **deberíamos** estar haciendo.

Esta es tu oportunidad de planear. Escribe en el espacio abajo exactamente lo que deberías estar enseñando a tu líder potencial. Y recuerda, no es ninguno de los puntos que enlistamos anteriormente.

Si eres como la mayoría de las personas con las que hablo, **no** has escrito nada en el espacio de arriba.

Ahora, no soy sádico, pero amo hacer esta pregunta. A todas partes que viajo en el mundo, hago esta pregunta:

–Ahora que has enseñado a tu distribuidor a ser un buen distribuidor, cómo ser positivo, cómo duplicar, etc., ¿**qué es** lo que vas a enseñar para que aprenda a ser un líder?

Y la respuesta es usualmente, silencio.

La gente queda con la mirada en blanco o con la mirada como un venadito viendo cómo se aproximan las luces de un automóvil. Esta pregunta paraliza a los empresarios debido a que nunca pensamos acerca de cómo realmente desarrollar líderes.

Esto es lo que muchos empresarios hacen para intentar desarrollar a un distribuidor en líder.

Enseñan a su distribuidor a ser positivo.

Eso está bien, pero todo lo que crean es un distribuidor más positivo.

O, se mudan con su distribuidor.

Ese era mi original y fallido plan.

Todas sus horas de vigilia son pasadas enseñando nuevas habilidades al distribuidor. Hacen viajes con el nuevo distribuidor. Hacen presentaciones con el nuevo distribuidor. Asisten a seminarios de entrenamiento y convenciones regionales con el nuevo distribuidor.

Eso está bien.

Los líderes se alían y construyen una relación con el nuevo distribuidor. Sin embargo, todo lo que logran es desarrollar un distribuidor muy **amigable**. Tener amigos es algo genial. Pero, ¿no sería bueno construir uno o dos líderes para que tengamos suficiente dinero para pasar más tiempo con nuestros buenos amigos?

Pero se pone peor.

¿Los distribuidores desperdician tu tiempo?

¿Te ha pasado alguna vez esto? Te has dicho a ti mismo:

–Este distribuidor sería un gran líder. Voy a viajar con él, le ayudaré a ser positivo, y le entrenaré con todo lo que se.

¿Y qué pasa?

La mayoría de las veces no funciona. Todo nuestro entrenamiento y esfuerzo queda desperdiciado. Nuestro distribuidor no se convierte en un líder. Peor aún, puede que renuncie al negocio.

Y ahí lo tienes. Seis meses, un año o incluso más de nuestro tiempo – ¡desperdiciado!

Todo nuestro tiempo y esfuerzo – **y nada que mostrar**. No sólo desperdiciamos nuestro tiempo, pero también desperdiciamos el tiempo de nuestro distribuidor.

¿Podríamos estar enseñando algo incorrecto?

En función de saber qué enseñar a los distribuidores para construirlos como líderes... debemos primero identificar la verdadera diferencia entre líderes y distribuidores. ¿Cuál es la diferencia?

* ¿Los líderes son más altos?

* ¿Más bellos o bien parecidos?

* ¿Viven en mejores vecindarios?

* ¿Conducen diferentes tipos de autos?

* ¿Memorizan las presentaciones con mejor precisión?

* ¿Sólo tienen personalidades extrovertidas?

* ¿Con iniciativa?

* ¿Más enfocados?

Aquí está la diferencia real.

La única diferencia entre líderes y distribuidores es:

¡Cómo piensan!

En cada situación o problema, un líder pensará **diferente** que un distribuidor.

¡Ajá! Así que, si podemos entrenar a nuestro distribuidor a pensar **diferente** cuando los problemas, retos, o situaciones surjan... entonces tendremos un líder mejor entrenado. ¡Genial!

¿Cómo vamos a hacer esto?

Haremos una lista de problemas, retos y situaciones y escribiremos:

1. Cómo pensaría un distribuidor, y

2. Cómo pensaría un líder.

Una vez que hayamos completado nuestra lista, comenzaremos a entrenar a nuestro líder potencial, la persona que pasó la prueba original de liderazgo. Cuando un problema, reto, o situación surja, tomaremos a nuestro líder potencial y diremos:

–Hay dos maneras de pensar acerca de esto – como líder o como distribuidor. Déjame mostrarte la diferencia.

Luego, metódicamente explicaremos la diferencia entre las dos maneras de pensar.

Un líder potencial no puede aprender si no sabe.

Debemos darle el conocimiento para que pueda aprender esta nueva manera de pensar.

Si no hacemos esto, tu líder potencial nunca se desarrollará, divagará sin objetivo, e intentará aprender y memorizar todo tipo de información linda que no le ayudará a convertirse en líder. ¡Tu líder potencial se frustrará!

Esto es lo que me pasó a mi. Allá en 1974, había estado en el negocio por algunos años y desesperadamente deseaba convertirme en líder. Un famoso líder de nuestra compañía vino a la ciudad y dijo:

–Les voy a mostrar a todos ustedes cómo convertirse en líderes.

Ahora, yo estaba emocionado. Así que ahí estaba yo, sentado en primera fila – bueno, realmente estaba en la segunda fila, no quiero que me llamen como voluntario para nada.

El famoso líder le dijo esto a nuestro grupo:

–Si quieres ser un líder, se más positivo.

Yo estaba ahí sentado pensado:

–¿Podrías ser más específico? Eso no me ayuda para nada. No hay nada tangible que pueda tomar. He sido entrenado para ser un buen empleado toda mi vida. Mis profesores me han dicho que consiga un buen empleo. Mi jefe dice que trabaje duro y puedo ser ascendido a un mejor empleo. Yo pienso como un empleado y tienes que decirme **exactamente** qué hacer.

Salí de esa junta muy frustrado. No conseguí el conocimiento ni la información que necesitaba para cambiar. La peor parte fue que **yo no sabía qué cambiar** en función de convertirme en líder.

¿Tus líderes potenciales sufren la misma frustración?

Si lo hacen, vamos a resolver su frustración y enseñarles exactamente **cómo** y **qué** pensar en cada problema, reto o situación.

La mejor manera de mostrarte cómo funciona esto es dándote algunos ejemplos prácticos y cotidianos que puedes usar de inmediato. Comencemos.

Imagina que vendes un producto. Vas con tu vecino y le vendes algo de producto. Regresas a casa, ordenas el producto de la oficina central y... ¡está agotado!

Si esto te ocurriera, ¡qué pensarías? Pensarías:

–¡Esto es terrible! Tomé el dinero de mi vecino y no entregué sus productos. Él va a estar muy molesto conmigo. Y le dirá a todos en el vecindario que soy deshonesto. Mi reputación estará arruinada. Jamás podré mostrar mi rostro de nuevo. Todos en el vecindario se reirán de mi. Mi compañía no puede ni mantener productos en almacén. Es un trabajo simple. Si la compañía no puede mantener productos en almacén, bueno, probablemente no puedan ni pagar cheques. Probablemente no pueden ni contratar ni despedir empleados apropiadamente. De hecho, apuesto que ni tienen empleados – sólo un montón de máquinas contestadoras. La compañía va a colapsar. ¡Y la civilización occidental como la conocemos va a colapsar! ¡Esto es terrible – renuncio!

¿Caracterizarías esto como pensamiento de líder o pensamiento de distribuidor?

Es obvio – esto es **pensamiento de distribuidor** y obtendrás **resultados de distribuidor** y un **cheque tamaño distribuidor** gracias a esta manera de pensar.

Todos tienen problemas.

Los líderes y los distribuidores enfrentan los mismos problemas diariamente. Los líderes no se hacen líderes debido a la falta de problemas. Se convierten en líderes por cómo ellos **piensan** y **manejan** los problemas.

Pensamiento de liderazgo.

¿Cómo pensaría un líder al ser confrontado con exactamente la misma situación de las existencias de producto? Un líder pensaría:

–Vaya, el producto está fuera de existencia. Estos productos tienen tanta demanda que incluso si mis clientes me entregan su dinero, aún así no pueden conseguir su producto. Es tan exclusivo y se vende tan bien, que la compañía no puede mantenerlos en almacén. Mi cliente nuevo estará tan impresionado, probablemente ordene dos o tres veces más producto para asegurarse de conseguir algo. Eso significa dos o tres veces más volumen de producto para mi, y dos o tres veces el cheque. ¡Guau! Espero que haya más productos fuera de existencia – ¡sí!

¿Caracterizarías esto como pensamiento de líder o pensamiento de distribuidor?

Es obvio – esto es **pensamiento de líder** y obtendrás **resultados de líder** y un **cheque tamaño líder** gracias a esta manera de pensar.

Aquí está lo que los distribuidores no saben.

No cuesta nada cambiar tu pensamiento. La mayoría de los distribuidores piensa:

–Bueno, estoy encasillado con una manera de pensar. No hay manera de que pueda cambiarla. Esta es la única manera de ver las situaciones.

Este punto de vista de "no puedo cambiar mis pensamientos" viene de años de acondicionamiento de padres, maestros, amigos y jefes. Pero este punto de vista no es verdad.

Por supuesto, todos podemos cambiar nuestros pensamientos – si queremos. ¿Pero cómo convences a tu líder potencial de que puede cambiar su pensamiento?

Con una historia.

Las historias son la mejor manera de cambiar el pensamiento de las personas. Son fáciles de recordar, y tu líder potencial se puede ver a sí mismo en la historia. Se puede identificar con la historia.

Para ayudar a que tu líder potencial vea que cambiar el pensamiento es posible, intenta compartir una historia similar a esta:

"Imagina que estás conduciendo por tu cuenta un día y un Ferrari rojo casi te saca del camino. El conductor parece ser un joven adolescente y obviamente va arriba del límite de velocidad. ¿Cómo te sientes? ¿Qué piensas sobre el conductor?"

Si tu líder potencial responde honestamente, él dirá:

–No me agrada ese adolescente. Es imprudente y casi me ocasiona un accidente. Alguien debería reportarlo a la policía y hacer que lo arresten. Es un peligro para la sociedad.

"Más tarde ese día, recibes una llamada del hospital. Es de tu hijo. Tu hijo dice: –Hola. Sólo quería que supieras que los doctores dijeron que estaré bien. Caí de mi bicicleta y sufrí una severa cortada. Pude haber desangrado hasta morir, pero afortunadamente un muchacho en un Ferrari rojo estaba pasando por ahí. Él me levantó y aceleró al hospital justo a tiempo."

Ahora, pregunta a tu líder potencial esto:

–¿Qué piensas del conductor adolescente ahora?

Si tu líder potencial responde honestamente, él dirá:

–Tienes razón. Sí cambié mi pensamiento, y no me costó nada. La situación es la misma. ¿Y sabes qué? Pude haber elegido cambiar mi pensamiento sobre el conductor adolescente incluso si no hubiese tenido esa información adicional. Tienes razón. Puedo cambiar mi pensamiento cuando lo decida.

Ahora que tu líder potencial entiende que puede cambiar su pensamiento, vas a querer enseñar esto.

Señala que hay dos manera de pensar – pensamiento de líder y pensamiento de distribuidor.

1. Si piensas como líder obtendrás **resultados de líder** y un **cheque tamaño líder.**

2. Si piensas como distribuidor, obtendrás **resultados de distribuidor** y un **cheque tamaño distribuidor.**

Luego dale a tu líder una gran dosis de responsabilidad personal. Dile:

–Yo **no** voy a cambiar tus pensamientos. Eso depende de ti. Si deseas resultados de distribuidor, piensa como distribuidor. Si deseas resultados de líder, piensa como un líder. Es estrictamente tu decisión cuales resultados deseas. Elige los resultados que desees en tu vida, y luego sabrás qué tipo de pensamientos elegir.

Este es un gran paso – pero es la única manera en la que construirás efectivamente a un líder. Debido a que si no haces esto, pasarás una vida entera solucionando todos sus problemas, respondiendo todas sus preguntas, sujetando sus manos, y tratando de motivarlo de nuevo después de cada reto.

Bien, bien. ¿Y exactamente qué les enseñaré?

Vamos a hacerlo concreto.

Primero, escribe todos los problemas cotidianos que encuentras en tu negocio.

Segundo, para cada problema, escribe lo que representaría pensamiento de líder y lo que representaría pensamiento de distribuidor.

Y **tercero,** escribe todas las historias apropiadas que podrías contar a tu líder potencial para ayudarlo a cambiar su pensamiento de distribuidor a pensamiento de líder.

Eso es. Eso es lo que vas a tener que enseñar.

Enseñando con historias.

Vamos a escribir algunos problemas comunes y cómo vamos a enseñar a nuestro líder potencial a cambiar su pensamiento.

Problema #1: Mi patrocinador no me ayuda.

¿Es un problema común? Lo escucho todo el tiempo. La gente me llama y se queja:

–No puedo convertirme en líder. No puedo ni convertirme en un buen distribuidor por que mi patrocinador no me ayuda.

Esto es fácil de identificar como pensamiento de distribuidor. Esta es la historia que cuento a las personas para ayudar a cambiar su pensamiento de distribuidor hacia pensamiento de líder.

Soy víctima profesional.

Esto es lo que me sucedió cuando comencé mi negocio de redes de mercadeo. Estaba en el negocio durante un año y diez meses y no tenía distribuidores ni clientes. Era un total fracaso. Un líder preocupado se acercó y me dijo: – Big Al, no te está yendo muy bien.

Tenía que defender mi fracaso así que respondí: –Por supuesto que no me está yendo bien. Mi patrocinador **no me ayuda**. No sabe nada más de este negocio que yo.

Entonces el líder me miró y dijo: –Big Al, cuéntame sobre tu patrocinador. ¿Patrocinó a alguien más aparte de ti?

Oh, oh. Esto se estaba tornando personal. Tuve que admitir que mi patrocinador de hecho había patrocinado **otros** distribuidores en el negocio, pero la mayoría de ellos no eran exitosos tampoco. Quizá sólo uno o dos de ellos se hicieron exitosos.

Y el líder cerró con esta cortante observación. Él dijo:

–Big Al, cuéntame sobre esos uno o dos distribuidores que son exitosos. ¿No tienen ellos **exactamente el mismo patrocinador** que tú?

¡Auch! ¡Eso era cruel!

Pero de repente, ¡lo entendí! Entendí que no podía culpar a mi patrocinador. Después de todo, el éxito no tenía nada que ver con él debido a que él patrocinó personas exitosas y no exitosas. Y si no tenía nada que ver con el patrocinador, eso me dejaba a... ¡mí!

Mi pensamiento de distribuidor cambió instantáneamente a pensamiento de líder debido a este incidente.

Y cuando cuento esta historia a los distribuidores que me llaman, ¿cambian su pensamiento tan rápido también?

No.

Quizá después de escuchar mi historia, cambien su pensamiento sólo un poco – un poco más cerca al pensamiento de líder. Quizá debas contar varias historias durante algunas semanas para cambiar completamente su pensamiento concerniente a este problema.

No vas a cambiar la mentalidad de alguien de pensamiento de distribuidor a pensamiento de líder de la noche a la mañana. Sin embargo, debes de comenzar en algún punto, así que, ¿por qué no comenzar a acumular historias ahora?

Lo que no funciona.

Déjame decirte lo que encontré que es una completa pérdida de tiempo.

Sermones.

Los sermones no funcionan. Si quieres pruebas de que los sermones no funcionan, sólo recuerda cuando eras un adolescente y cuantos sermones recibiste y qué tan bien funcionaron.

Punto aclarado.

Los sermones no funcionan – las historias sí.

Así que la mejor manera de cambiar el pensamiento de un líder potencial es con historias que ilustren gráficamente:

"Hey, esto es la realidad. Esto es lo que funciona en el mundo real."

Eso es lo que me sucedió cuando encontré que mi patrocinador no era el factor determinante en mi carencia de éxito. No podía negar los datos. Otros distribuidores tenían exactamente el mismo patrocinador que yo, y ellos se convirtieron en exitosos. En ese momento de iluminación, salté de pensamiento de distribuidor hasta el pensamiento de líder en ese problema.

Desafortunadamente, tenía otros problemas, también. Pero los sobrepasé de la misma precisa manera, al reconocer un modo diferente de pensar a través del poder de las historias.

¿Qué tal otro problema?

Veamos otro ejemplo concreto de cómo usar exactamente este método.

Imagina que mi patrocinador vive muy lejos. No puedo convertirme en exitoso debido a que mi patrocinador no viene a ayudarme. ¿Cómo vamos a mover mi pensamiento de pensamiento de distribuidor a pensamiento de líder?

Aquí hay una historia que podrías contarme.

***

Tu: –Big Al, yo sé que piensas que no puedes ser exitoso debido a que vivo muy lejos. No puedo ayudarte a hacer juntas locales y no puedo ir a tu ciudad para ayudarte a hacer presentaciones dos a uno.

Sin embargo, imagina que estás tomando un vuelo a casa en Houston, Texas. Hay otra pasajera sentada al lado tuyo en el avión. Tu conversación casual va como ésta:

Big Al: –Hey, ¿a qué te dedicas?

Pasajera: –Soy presidenta de un club local de emprendedores. Tenemos 10,000 miembros y todos son emprendedores. Nos reunimos por las tardes por que todos tenemos empleos regulares, pero nuestro club está buscando entrar en un negocio de tiempo parcial.

Big Al: –Oh, ¿en serio? ¿Qué tipo de negocio?

Pasajera: –Bueno, no queremos tener locales por que eso sería aburrido. Estaríamos atados a un lugar.

Somos personas amistosas y estamos interesados en ventas y mercadeo. Nos gustan las reuniones, trabajar en equipo y trabajar con muchas personas. No tenemos mucho dinero para invertir – quizá un par de miles de dólares cada uno.

Pero estamos dispuestos a trabajar tan duro como podamos para construir negocios exitosos.

Pero, ¿sabes qué? Aún no he sido capaz de encontrar ningún negocio de tiempo parcial para nuestros miembros. Y si no encuentro algo pronto, me van a echar de la oficina. Estoy muy preocupada.

Tu: –Así que, ¿qué piensas Big Al? Estás pensando, "¡Hombre, encontré la veta madre! Mi oportunidad de negocio va a ser perfecta para su club. Me lo va a agradecer." Y luego le preguntas, Big Al:

Big Al: –Oh, por cierto, ¿dónde vives?

Pasajera: –Vivo en Miami.

Tu: –Y ahora, Big Al, vas a levantar tus manos al aire en desesperación y dirás:

Big Al: –¡Oh no! Eso está muy mal. Nunca podría patrocinarte debido a que no estaría en la zona. No puedes ser exitosa en mi negocio a menos que yo viva cerca de ti.

***

En ese punto, **cambié mi pensamiento**. Entiendo que si permanezco creyendo que el patrocinador debe vivir localmente, dejaría pasar varias grandes oportunidades. De hecho, si continúo con ese pensamiento de distribuidor, eso significaría que nunca podría patrocinar a alguien más de diez millas lejos de mi casa.

Después de que me cuentes esa historia, ¿mi pensamiento se moverá de pensamiento de distribuidor a pensamiento de líder? Quizá no totalmente, pero me estoy acercando, ¿correcto?

Así que, ¿por qué no contarme esta historia a continuación?

La mina de oro.

Imagina que estás parado en una mina de oro. Hay cientos y miles de pepitas de oro puro regadas a tus pies (pepitas de oro = oportunidades, por aquellos que no estén siguiendo el curso de esta analogía). Pero, tu patrocinador no está ahí. No hay nadie que te diga que levantes las pepitas de oro y las metas en tu bolsillo. Así que, ¿qué haces?

Te vas a casa a mirar televisión por que tu patrocinador no te ayudó.

Tonto, ¿no es así? Cuando nos unimos a una red de mercadeo, se nos provee una oportunidad, no un derecho. Depende de nosotros tomar ventaja de la oportunidad, o podemos quejarnos sobre la revista de compañía, el color de las etiquetas de producto, o nuestro patrocinador que no nos presta ayuda.

Así que el éxito en redes de mercadeo depende de nosotros, no de nuestro patrocinador. De hecho, podemos elegir ser exitosos o no, incluso si nuestro patrocinador no existiese.

Pero intenta esta historia para hacer las cosas aún más obvias para el distribuidor que sigue creyendo que su patrocinador debe de ser local y prestar ayuda.

La reunión de ex-compañeros.

Digamos que estás en la reunión de ex-compañeros de la escuela. Uno de tus viejos compañeros dice:

–¡Guau! ¿Estás en redes de mercadeo? ¡Eso es genial! Siempre quise ser distribuidor de una red de mercadeo. ¿Serías mi patrocinador? ¿Por favor? ¿Por favor? Trabajaré más duro que cualquiera que hayas patrocinado.

Desafortunadamente, tu ex-compañero ahora vive en Nueva York, 500 millas lejos. Si crees que un distribuidor no puede ser exitoso a menos que tenga un patrocinador local, ¿cuáles son tus opciones?

Puedes vender tu casa y mudar a tu familia a Nueva York para que puedas ser su patrocinador local. Pero, eso significa que tendrías que mudarte de nuevo a Chicago si patrocinas a alguien nuevo ahí, y luego a Tulsa y demás. O, ¿qué sucede si tu ex-compañero se muda de Nueva

York a Florida? ¿Eso significa que tendrías que mudarte a Florida? Se pone complicado, ¿no es así?

Así que, cuando los distribuidores dicen:

–No puedo ser exitoso debido a que no tengo un patrocinador local para ayudarme.

Simplemente pregunta si ellos están dispuestos a mudarse cada vez que patrocinen a un distribuidor que no sea local.

Hagamos un ejemplo concreto más.

Mis productos son muy caros.
Nadie quiere pagar tanto.

¿Suena familiar? ¿Te suena como pensamiento de distribuidor?

Los distribuidores **creen** que los prospectos hacen su decisión de compra basados en precio. ¿Será difícil cambiar su pensamiento?

No si usamos historias y ejemplos.

Así que vamos a imaginar que soy un líder potencial, pero mi creencia que los productos son muy caros me está deteniendo. Tu quieres cambiar mi pensamiento de:

1. "Los productos son muy caros."

hacia

2. "Los productos son costeables debido a que los prospectos realmente desean lo que ofrecen."

Tu tomas nota de mi pensamiento de distribuidor e intentas cambiar mi pensamiento, **no con un sermón**, sino con la siguiente historia:

–Big Al, yo se que tu piensas que los productos son muy caros. Puedes estar en lo correcto. Pero yo pienso que mucha gente compra por conveniencia, calidad, confort, ventajas extras o prestigio. La mayoría de las personas pagará más por productos cuando pueden obtener esta conveniencia extra, calidad, confort, ventajas extra o prestigio.

Pero yo respondo:

–No. No te creo. La gente compra por el precio. Quieren ahorrar dinero y comprarán los productos más baratos que puedan.

Así que tu me dices:

–Big Al, puedes estar en lo correcto. Quizá mucha gente sale a comprar los productos más baratos. No lo sé. **Vayamos a averiguarlo**, ¿está bien?

Tu me llevas afuera y nos paramos en una esquina en la calle. Tu me preguntas:

–Big Al, ¿cual es el automóvil más barato que puedes adquirir?

Yo pienso por un minuto y digo:

"Un mini-Kia. Ese es es coche menos caro que puedes comprar. Tiene cuatro ruedas, un volante y te lleva del punto A al punto B.

Y entonces tu dices:

–Vamos a pararnos en esta esquina. Ya que la gente compra por el precio, estoy seguro que la mayoría de la gente comprará el auto menos caro que puedan conseguir – un mini-Kia. Apuesto que veremos muchos mini-Kia pasar. De hecho, yo pienso que más del 50% de los coches que pasen serán un mini-Kia.

Mientras estamos parados en la esquina, ¿qué tipos de automóviles pasan delante nuestro? Bueno, primero hay un Chevrolet, luego un Ford, luego un BMW, luego un Toyota, luego un Dodge, otro Ford, un Cadillac, un Lexus, otro Ford, un Volkswagen... ¡y no vemos un solo mini-Kia!

Tu volteas conmigo y dices:

–¿Será posible que las personas compren automóviles por el prestigio, confort o calidad – y no basándose sólo en el precio? No he visto un sólo mini-Kia aún. Y no creo que nadie compre automóviles sólo basados en el precio. La gente quiere imagen, confort, ventajas especiales, más velocidad o prestigio. Pero, hey – me puedo equivocar. Te diré esto, vamos a otra esquina. Esta puede ser sólo una mala ubicación.

Caminamos a otra esquina en otra calle. ¿Qué es lo que vemos?

Vemos Nissan, Toyota, Ford, Chevrolet, BMW, Mercedes, Cadillac, y ni un sólo mini-Kia. Tu volteas conmigo y dices:

"Vaya, parece que nadie compró un automóvil basado sólo en el precio. Todos compraron confort, color, conveniencia y prestigio. Vayamos a otra esquina a ver más automóviles.

Yo digo:

–No, no, no. Entiendo el punto.

De nuevo, has cambiado mi pensamiento. Ya no creo que los prospectos compran **sólo por el precio**. ¿Y mi pensamiento cambió de pensamiento de distribuidor a pensamiento de líder con esta historia o aventura de la vida real?

No. eso sería muy fácil, ¿no es así? Pero has cambiado mi pensamiento por lo menos un poco. Deberás contarme más historias o darme más ejemplos durante las próximas semanas para gradualmente pasar mi pensamiento por completo a pensamiento de líder.

Así que ¿cuál otra historia hay para cambiar mi pensamiento sobre el precio?

¿Qué tal "La historia de la Pizza" para reforzar mi pensamiento? Así va:

–Big Al, ¿alguna vez has ordenado pizza? ¿Alguna vez te has sentido relajado sin ganas de cocinar la cena? ¿Alguna vez te has sentido con ganas de levantar el teléfono y ordenar una pizza a domicilio mientras miras videos o televisión?

Por supuesto que sí. Todos ordenan una pizza ocasionalmente. Pero esa es la manera menos cara de comer pizza? Claro que no. Estás pagando para que alguien más la prepare y para que alguien más la entregue en tu casa.

Eso es definitivamente más caro que cultivar los ingredientes por tu cuenta, preparar y cocinar la pizza por ti mismo, y definitivamente más caro que comprar una simple pizza congelada y cocinarla tu mismo.

Así que, ¿por qué gastas dinero extra? ¿Sabor? ¿Mejor calidad? ¿Conveniencia? ¿Confort? Y probablemente, ¡gastaste dos o tres veces más dinero al no prepararla tu mismo!

¡Uuups! Me atrapaste. Incluso yo no compro sólo por el precio. Y ahora mi pensamiento bordea un poco más cerca del pensamiento de líder.

Sólo piensa en todas las posibilidades de probar a tu distribuidor que las personas no compran por el precio más bajo.

* Podrías pararte afuera de una zapatería costosa en el centro comercial y mirar a todas las damas salir con sus compras.

* Podrías simplemente preguntar a las mujeres: – ¿Compras las joyas más baratas o el perfume más barato?

* ¿Los hombres compran la cerveza más barata al mayoreo? ¿O pagan el precio de la cerveza premium en el bar?

* O ¿hay un dentista en la ciudad que cobra el precio más bajo? ¿Tiene todo el negocio dental de la ciudad?

* La mayoría de las líneas aéreas tiene una sección de primera clase. ¿Quién se sienta ahí?

* ¿Comprar un boleto para un concierto es la manera más barata de escuchar tu música favorita?

¿O quizá una simple conversación sea suficiente?

Uno de mis distribuidores aún insiste en que las personas compran por el precio. El no puede comprender por qué alguien pagaría más por la conveniencia, calidad, una relación con el vendedor, etc. Así que ésta es la conversación:

***

Distribuidor: –Si no tenemos los productos con los precios más bajos, ¿cómo esperas que haga algunas ventas?

Big Al: –¿Siempre compras al precio más bajo?

Distribuidor: –¿A qué te refieres?

Big Al: –Digamos que te detienes en la estación de gasolina a cargar combustible en tu coche. ¿Alguna vez has comprado una bebida, una golosina o una botana?

Distribuidor: –Algunas veces. Pero no muy seguido.

Big Al: –¿La estación de gasolina ofrece el precio más bajo en tu bebida o botana? ¿O podrías haberlos comprado más baratos al mayoreo en el almacén local?

Distribuidor: –Está bien, quizá algunas veces compro por conveniencia, pero no es seguido.

Big Al: –Si estás siempre comprando al precio más bajo, ¿constantemente vas de tienda en tienda comparando precios?

Distribuidor: –Bien, algunas veces no tengo el tiempo, así que creo que tienes razón. Algunas veces sí pago más.

Big Al: –¿Compras en Internet por el precio más bajo?

Distribuidor: –Algunas veces. Es mucho desgaste tratar de visitar todos los diferentes sitios y descifrar cuál es el costo del envío. Y después no estoy seguro si el sitio web con el precio más bajo es legítimo. Y luego, si no he comprado con ellos anteriormente, tengo que completar toda mi información de nuevo en esos largos formularios, y luego la información de la tarjeta de crédito... y creo que entiendo el punto.

Big Al: –Si lo hacemos fácil, conveniente y amigable para nuestros clientes, a ellos no les importará el precio más bajo. Nuestros clientes desean productos de calidad, en un precio justo, y con la falta de servicio al cliente de hoy en día, disfrutan hablando con una persona "en vivo".

***

Historias y conversaciones simples pueden cambiar a las personas. En lugar de conversaciones aleatorias, sin enfoque con nuestros líderes potenciales, necesitamos enseñar nuevas lecciones y puntos de vista para ayudar a otros a subir en sus negocios.

¿Quieres otro ejemplo de una conversación con un distribuidor?

Ahora, tú serás el juez. Después de leer esta conversación, pregúntate a ti mismo, "¿Estoy dispuesto a invertir tiempo en enseñar a esta persona a ser un líder?

Aquí está la conversación con un distribuidor desmotivado, quebrado, y temeroso de tomar la responsabilidad personal (ahora, eso es una pista.)

***

Big Al: –Deberás de invertir $100 al mes ($25 por semana) en tu negocio para productos, herramientas de ventas, materiales de entrenamiento, promociones, publicidad, etc. ¿Estás dispuesto a hacerlo?

Distribuidor: –Nop. No puedo hacer eso. No tengo dinero. Una vez que pago todas mis cuentas, no me sobra nada. ¿No puedo recibir algunos cheques de comisiones primero, y luego construir el negocio?

Big Al: –La vida no funciona así. Veamos la situación actual. Has trabajado diez años para la misma compañía. Eres un adulto. Y, me estás diciendo que no te has podido manejar para ahorrar $100 en todos esos años de trabajo? ¿Me estás diciendo que no has tenido la habilidad de negocios para ahorrar un total de $10 por año? Eso es sólo una semana de trabajo en una ruta de entrega de periódico o un empleo de medio tiempo.

Distribuidor: –Sip. La situación es sombría. Pero, todo mi dinero se va a pagar las cuentas. Si tuviese unos pocos dólares extra cada mes, los invertiría en mi negocio, ¡de verdad!

Big Al: –¿Cuanto pagas por tu televisión por cable e Internet?

Distribuidor: –Como $100 al mes. Pero nunca podría dejar eso. Es nuestra única forma de entretenimiento.

Big Al: –¿Alguna vez comes fuera? O, ¿siempre cocinas tus comidas?

Distribuidor: –Salimos a cenar como una vez por semana. Yo sé que es caro, pero a veces estamos taaaan cansados cuando llegamos a casa del trabajo. Esos son como $90 por semana, unos $360 al mes, pero, nos merecemos un descanso de vez en cuando. Y sí, compro el almuerzo dos o tres veces por semana también, pero lo considero un buen alivio del aburrimiento de la oficina.

Big Al: –¿Fumas o bebes?

Distribuidor: –Los cigarrillos están en $10 por cajetilla, y fumo una por día, pero hey, soy adicto. No puedo hacer nada sobre ello. No esperas que deje de fumar para construir un negocio, ¿o si? Y no me digas nada por mi bebida, es la única manera en que me puedo relajar después de un día pesado en el trabajo.

Big Al: –¿Qué tal los fines de semana? ¿Los tienes libres? ¿Podrías tomar algunos trabajos para conseguir dinero extra para construir tu negocio?

Distribuidor: –Sí, tengo los fines de semana libres, pero tengo muchos quehaceres y tareas en casa. Es el único tiempo en la semana que puedo ponerme al día y descansar un poco, y quizá ir a jugar golf.

Big Al: –¿Golf? ¿Pagas por cuotas del campo y palos y bebidas y…?

Distribuidor: –No dejaré mis palos de golf para construir un negocio. De todas formas, el golf me quita unas tres o cuatro horas por semana.

Big Al: –¿Y qué plan tienes para liberar $25 por semana para construir tu negocio de redes de mercadeo?

Distribuidor: –Eso es lo que te estoy preguntando. Dime que puedo hacer para que mi negocio se mueva. Nada me ha funcionado.

¿Qué vas a hacer al respecto, Sr. Patrocinador?

***

¿Suena familiar?

No creo que haga falta comentar mucho.

Incluso en los vecindarios más pobres, encontrarás personas que ordenan pizza y pagan extra para que la entreguen en su puerta. Personas que tienen teléfonos celulares costosos. Personas que asisten a fiestas y conciertos.

No es cuestión de no tener el dinero. Es cuestión de prioridades. Si tu prospecto falla en percibir suficiente valor en tu oportunidad, nunca habrá dinero para promoción, publicidad, entrenamiento y muestras.

La solución es obvia. Debemos crear el valor de nuestra oportunidad dentro de la mente de nuestros distribuidores… o, tomar la decisión de no invertir tiempo con este distribuidor para enseñarlo cómo convertirse en líder. Desafortunadamente para el distribuidor, la mayoría de las ocasiones debemos de tomar la decisión de invertir nuestro tiempo con alguien que esté listo.

¿No puedes pensar en qué historias usar para tus problemas?

Bien, ¿por qué no tomar prestada otra explicación que yo utilizo?

Digamos que tu nuevo líder potencial piensa esto:

"No puedo ser exitoso por que mi patrocinador no me ayuda."

"Es muy difícil para mi ser exitoso debido a que mi patrocinador renunció, sólo ordena productos, nunca me llama, y mis superiores son inútiles usuarios de producto que no quieren construir el negocio. No hay nadie que me ayude. No puedo hacerlo solo. Toda la culpa la tiene mi patrocinador perezoso, bueno para nada, salido del inframundo que sólo recibe los bonos."

¿Por qué no decir esto a tu líder potencial?:

–¿Tenemos líderes en nuestra compañía? Por supuesto que tenemos. Si se requiere de un líder para patrocinar y desarrollar a un líder, eso significa que cada líder en la compañía ha sido patrocinado por un líder. ¿Que probabilidades hay en eso? No lo sé. Veamos.

Luego, sistemáticamente vayan con todos los líderes en tu compañía y miren quién realmente los patrocinó en el negocio. Apuesto que ambos estarán sorprendidos que la mayoría de los líderes fueron patrocinados por alguien que no le importaba, alguien que renunció o simplemente dejó el negocio.

Piensa en ello. Toma todos los líderes de redes que conoces. Algunos líderes tienen patrocinadores exitosos – y la mayoría de los líderes fueron patrocinados por distribuidores **no exitosos**.

Muchos de los líderes más altos en redes hoy, tuvieron patrocinadores que eran tarados totales o incluso se salieron del negocio. Hicieron su éxito con sus **propios** esfuerzos, no de donaciones ni regalos ni favores especiales.

O míralo de esta manera.

La mayoría de los patrocinadores tienen distribuidores exitosos **y** algunos distribuidores no exitosos.

Si ambos, los distribuidores exitosos y los no exitosos, tienen el mismo patrocinador, ¿cuál es la única variable?

Así es, el distribuidor.

Esta conversación lo dice todo.

Algunos años atrás, tuve esta conversación telefónica con un distribuidor molesto. No podía comprender por qué él y sus distribuidores no tenían suerte, ya que otros distribuidores tenían suerte y rápidamente se convertían en líderes.

Este distribuidor odiaba a su compañía, sus productos, sus superiores, su equipo y las redes de mercadeo en general. La conversación fue algo como esto:

***

Distribuidor: –No puedo ser exitoso en redes de mercadeo por que mi compañía está destruyendo mi negocio. Embarcan productos tarde. Los cheques de bonificaciones tienen errores. El personal es descortés cuando mi equipo llama a pedir apoyo. Tienen muchos productos fuera de existencia.

Big Al: ¿Hay líderes exitosos dentro de tu compañía de redes de mercadeo?

Distribuidor: –Sí.

Big Al: –¿Esos líderes reciben sus productos y cheques tarde, y sufren de productos fuera de existencia también?

Distribuidor: –Bueno, sí. Pero es diferente para ellos.

Big Al: –¿Piensas que el personal en la oficina es descortés sólo con tu equipo, o piensas que los líderes exitosos en tu compañía tienen equipos que hablan con los mismos empleados?

Distribuidor: –Está bien, está bien. Entiendo tu punto. Supongo que la compañía, sus productos, y empleados no son responsables por mi éxito o **falta de éxito**. De hecho, no importa lo que hagan, no me pueden hacer exitoso. Así que, si otros líderes son exitosos con mi compañía, supongo que no es la compañía la que causó mi fracaso.

Big Al: –Es correcto. Una compañía no te puede hacer exitoso.

Distribuidor: –Supongo que el problema real es que mi compañía de redes de mercadeo no está pasando por la fase de momentum. Todos los líderes exitosos ya tienen una organización formada. No puedo construir una gran organización por que la compañía no está creciendo.

Big Al: –Cuando una compañía está creciendo rápido, ¿será posible tener un grupo particular que esté creciendo lentamente, o incluso haciéndose más pequeño?

Distribuidor: –Supongo. Seguro, puedo ver cómo un grupo con un pésimo líder puede estar desintegrándose mientras la compañía en general crece.

Big Al: –Cuando la compañía está creciendo lentamente, o nada en absoluto, ¿será posible tener un grupo en particular creciendo rápido?

Distribuidor: –Uh, sí. Supongo que un líder podría construir una organización fantástica mientras el resto de los distribuidores en la compañía están sentados en su trasero. Así que, el hecho de que mi compañía no esté en la fase de momentum realmente no explica por qué mi negocio está pasándola pobremente.

Ahora, después de pensarlo, veo que el **problema real** con mi negocio es que tengo un inútil, perezoso, avaro y bueno para nada patrocinador. Nunca me llama, tiene mal aliento, no sabe nada del negocio, muestra mucho sensacionalismo, a veces es muy tedioso, y ¡realmente no ha hecho nada para construir mi negocio!

Big Al: –Cuéntame un poco sobre tu patrocinador. ¿Tiene algunos otros distribuidores directos, en primer nivel? ¿Cómo les va a ellos?

Distribuidor: –Bueno, mi patrocinador tiene como 15 distribuidores directos. La mayoría ha renunciado. Algunos están luchando como yo. Y, tres o cuatro van muy bien.

Big Al: –Los tres o cuatro distribuidores que van bien… ¿quién es su patrocinador?

Distribuidor: –¡Auch! Ya veo. Los distribuidores exitosos tienen exactamente el mismo patrocinador que yo. Tienes razón. Supongo que mi problema no es mi patrocinador.

Big Al: –Quizá debes dejar de buscar por una mejor compañía, un mejor momento para unirte a otra compañía y un mejor patrocinador. Suena como que eso no es tu problema. ¿Sabes cual es tu problema?

Distribuidor: –Debe ser algo más. No puedo poner el dedo en ello. Sé que alguien me está manteniendo lejos del éxito, alguien muy cercano. **Sólo que no se quién.** Te lo haré saber cuando lo averigüe.

***

Recibo muchas llamadas telefónicas como esa. Estos distribuidores nunca piden consejo, así que no doy ningún consejo. Sólo no es su momento para convertirse en líderes.

Los distribuidores no exitosos están siempre buscando a **alguien más** para hacerlos exitosos. Ellos creen que el éxito viene de influencias **externas** como la compañía o su patrocinador. Las influencias **externas** no pueden hacer a nadie exitoso o no exitoso.

El verdadero, feo, y desagradable secreto en redes de mercadeo es que el éxito viene desde **adentro** del distribuidor. Es una cuestión personal.

No cedas el control.

Si cedes el control y la responsabilidad de tu éxito a tu patrocinador, simultáneamente permites que tu patrocinador **controle tu fracaso**. Nadie entra a las redes de mercadeo diciendo:

"Espero que mi patrocinador decida hacerme exitoso y no fracasado. Espero que mi patrocinador esté de buenas hoy."

Ceder el control de tu fracaso en la redes así de fácil suena ridículo, ¿no es así?

Pregunta a los líderes exitosos y ellos te dirán que son exitosos por **sus propios medios**. La mayoría de las personas encuentran fácil tomar el crédito por sus éxitos.

Pero si la lógica concuerda, entonces cada distribuidor no exitoso, sería un **fracasado por sus propios medios**. Vaya, nunca escuchas la explicación del fracaso por medios propios en una conversación.

Esta línea de pensamiento me recuerda al viejo dicho:

"Detrás de cada hombre exitoso hay una mujer."

Por supuesto, detrás de cada hombre **no exitoso** hay una mujer **también**, pero nadie lo menciona (excepto los ebrios que sienten compasión por sí mismos en la taberna local los viernes por la noche.)

Esto se está haciendo fácil.

Sí, enseñar a tus líderes potenciales nuevas maneras de pensar es fácil. La parte difícil era saber **qué** enseñar y **cómo** enseñarlo. Pero ahora tienes la fórmula.

Simplemente toma un problema, y luego encuentra lo que sería el pensamiento de distribuidor y pensamiento de líder para ese problema. Luego da ejemplos concretos e historias para gradualmente mover el pensamiento de tu líder potencial desde pensamiento de distribuidor hasta pensamiento de líder. Tus líderes potenciales **creerán** sus propias conclusiones.

Entonces terminarás con una persona que **piensa como un líder** y está en el rumbo a **convertirse en líder**. Este es un camino medible, probado y eficiente para seguir, en lugar de decir aleatoriamente "construiré una relación y tendré la esperanza de que este amigable distribuidor se convierta en líder mágicamente."

Construir líderes es fácil una vez que los enseñas cómo manejar problemas.

Si dominas este principio de liderazgo, tendrás menos estrés, más tiempo, menos rechazo, menos días malos, menos conflictos, menos retos... y será mucho más divertido vivir la vida como líder.

Si tus líderes no dominan este principio, escucharás esta conversación poco agradable de su parte:

–El cliente detestó el producto, la oficina central no hizo el reembolso a tiempo, así que perdí a mi distribuidor. Parece que la compañía está arruinando mi negocio. Quiero cambiarme a otra compañía donde no tengan problemas.

Tu y yo no queremos escuchar esa conversación, así que arreglemos eso ahora.

Es raro pero nadie piensa en ello.

Hace varios años, regresé de Inglaterra, donde la comunidad de redes de mercadeo tiene una **inusual** e **indignante** perspectiva.

Yo pensé que estaban absolutamente locos, pero... noté que la comunidad de redes de mercadeo en Estados Unidos tiene **exactamente la misma perspectiva**

distorsionada. ¿Es un virus secreto de locura que se esparce mundialmente?

Los empresarios de redes en todas partes están matando sus negocios. Y no comprenden por qué. Imagina invertir cientos o incluso miles de horas en tu negocio, y después sistemáticamente destruir tu negocio con un **punto de vista incorrecto**.

Primero, un poco de antecedentes.

¿Cuántas horas piensas que el líder promedio de redes de mercadeo pasa haciendo las siguientes tareas?:

* Escuchando problemas personales de su equipo.

* Escuchando problemas de negocios de su equipo.

* Haciendo numerosas llamadas a la oficina central para dar seguimiento a embarques perdidos o productos fuera de inventario.

* Disculpándose por afirmaciones incorrectas de parte de los líderes superiores o personal de la oficina central.

* Jugando de árbitro entre distribuidores celosos que pelean por un enrolamiento.

* Criticando al personal de oficina que no comprende las redes de mercadeo.

* Manteniendo el registro de todas las llamadas telefónicas que no fueron regresadas prontamente.

* Preocupando sobre la avaricia que destruye a ciertos miembros de la organización.

* Quejándose por tratamientos injustos y falta de reconocimiento.

* Tratando de recuperar negocios perdidos contra la competencia injusta.

* Discutiendo la falta de liderazgo de la compañía y responsabilidad con otros líderes disgustados.

Si sumas las horas, ¡es una semana de 40 horas!

Estas actividades toman **tiempo**. ¿Cuánto tiempo puede costear un líder en estas actividades no productivas que no generan ingreso?

Estas actividades toman **esfuerzo físico**. Los líderes quedan físicamente exhaustos después de conversaciones telefónicas maratónicas con víctimas profesionales que se quejan de que el mundo está en su contra.

Estas actividades toman **esfuerzo mental**. Los líderes pierden su energía mental peleando estas batallas perdidas. Después de una de estas batallas, el líder prefiere quedar en coma y mirar televisión. No hay entusiasmo restante para una campaña de prospección.

¿Quién tiene el problema?

¿Adivina qué? El distribuidor no tiene el problema real aquí. **¡Los líderes tienen el problema!**

Los líderes tienen un punto de vista incorrecto. Aquí está lo que los líderes **no exitosos** creen:

En función de ser exitoso en redes de mercadeo:

* 100% de los empleados de la oficina central deben de ser perfectos.

* 100% de los distribuidores deben ser ciudadanos honorables, caritativos, libres de problemas sin una pizca de avaricia.

* 100% de los distribuidores nunca deben renunciar.

* 100% de las llamadas telefónicas deben ser respondidas de la manera que ellos quieren.

* 100% del personal de oficina debe estar disponible instantáneamente cuando llaman.

* 100% de los líderes superiores deben de ser modelos perfectos que nunca cometen errores al hablar.

* Los distribuidores nunca son egoístas.

* 100% de las decisiones deben de ser perfectas.

* 100% de las decisiones deben de funcionar perfectamente en el futuro.

Todo debe de ser perfecto, o se quejarán y destruirán su negocio, y después buscarán una nueva aventura con los líderes perfectos, el personal de oficina perfecto, el plan de compensación perfecto, el producto perfecto con el precio perfecto que satisface 100% de las personas 100% de las veces, etc., etc., etc.

¡Ughh! Como diría Zig Ziglar: –¡**Qué mentalidad tan apestosa!**

Así que, los líderes no exitosos rápidamente se estancan en el modo "soluciónalo" y pasan el resto de sus mediocres carreras asegurándose de que nada malo le suceda a nadie en su equipo, superiores, o compañía. Ahora, eso será muy duro en este mundo. Proveer una burbuja protectora alrededor de cada distribuidor no sólo es imposible, es una locura.

Esto es lo que los líderes no exitosos dicen regularmente:

–¡Es una crisis! ¡Es una crisis! ¿Tengo que solucionarlo ahora?

No.

Si tu negocio no puede sobrevivir una crisis o dos, quizá sea el momento de retroceder y construir un cimiento más sólido. Y, habrá muchos problemas en tu futuro no importa que tan bien construyas tus cimientos por que…

¡Las personas son seres humanos!

Así es. Tu compañía, tus superiores, en incluso tu equipo, son humanos. Como humanos, tienen ciertas características, tales como:

* Los humanos cometen errores. Sólo las computadoras son perfectas, y las computadoras no quieren ser distribuidores.

* Los humanos son egoístas en ocasiones.

* Los humanos son desertores profesionales. Renuncian a la escuela, renuncian al trabajo, renuncian al matrimonio, renuncian a las dietas, renuncian a sus propósitos de Año Nuevo, y renuncian a los programas de redes de mercadeo.

* Los humanos ocasionalmente fallan en regresar llamadas telefónicas.

* Los humanos son groseros ocasionalmente.

* Los humanos dan a otra gente por sentado. No muestran aprecio hacia sus superiores o sus equipos cuando es apropiado.

* Los humanos adoran criticar. Los hace sentir superiores y les ayuda a olvidar sus propios problemas personales.

* Los humanos hacen decisiones terribles. ¿Por qué piensas que hay tantos divorcios? O, ¿por qué piensas que tanta gente pierde dinero en las apuestas o en carreras de caballos? ¿O por qué comemos demasiadas rosquillas?

* Los humanos piensan que siempre están en lo correcto. Después de todo, ¿a quién conoces que deliberadamente se sale del rumbo para cometer errores?

Así que cuando los distribuidores, los superiores, el personal de la oficina central cometen errores, son groseros, critican, o renuncian… ¡no te sorprendas!

¡Sólo están siendo humanos!

¿Por qué luchar contra la naturaleza humana?

¿Por qué no sólo aceptar a la gente tal como es?

Como humanos.

Este es el punto de vista que los líderes **exitosos** toman. Ellos no pierden tiempo tratando de cambiar a las personas, solucionando sus problemas de percepción, o tratando de eliminar todos los problemas del mundo.

Los líderes exitosos aprenden a **manejar** los problemas, no a solucionar problemas.

Hay una diferencia.

Imagina que pudieras trabajar duro y mágicamente solucionar todos los problemas con tu equipo, tus superiores, y tu compañía de redes de mercadeo.

¡Fiuu! Fue duro.

Ahora, ya que solucionaste todos los problemas hoy, ¿cuáles son las probabilidades de que haya algunos problemas nuevos mañana?

¡100%!

Sí, más problemas mañana, el día después de mañana y todos los días en el futuro. Siempre habrá problemas.

Los líderes exitosos aceptan este hecho. Ellos simplemente aprenden a **vivir con los problemas** en lugar de estresarse con cada problema por el resto de sus vidas.

Míralo de esta manera.

No hay tal cosa como una compañía de redes de mercadeo perfecta. ¡Todas las compañías contratan humanos! Así que, por supuesto que hay muchos errores y problemas.

¿Qué hacen los distribuidores no exitosos? Si ven que su compañía actual de redes de mercadeo tiene un problema, ¡renuncian! Se unen a otra compañía de redes de mercadeo con la esperanza de que nunca tengan problemas.

¿Qué clase de pensamiento demente es ese?

Todas las compañías de redes de mercadeo tienen problemas.

Los distribuidores y líderes exitosos se dan cuenta de que:

Todas las compañías de redes de mercadeo tienen problemas. Tu simplemente eliges la compañía con la que deseas tener tus problemas.

Luego, supéralo. Acepta los problemas y continúa con el negocio.

Las mujeres comprenden este principio, "Todas las compañías de redes de mercadeo tienen problemas, tu simplemente eliges la compañía con la que deseas tener tus problemas." ¿Por qué?

Por que ellas saben que:

"Todos los hombres tienen problemas. Tu simplemente eliges al hombre con el que deseas tener tus problemas.

Los hombres, por supuesto, no comprendemos esto. Debido a que las mujeres son perfectas, no podemos ver la analogía.

Deja que tus competidores traten de solucionar los problemas, solucionar la naturaleza humana, y salten de una compañía a otra. Motiva a tus competidores a hacerlo.

¿Por qué?

Esto mantendrá a la competencia ocupada mientras tu construyes un negocio grande y exitoso en redes de mercadeo. Tendrás acceso a todos los mejores prospectos, ¡debido a que tus competidores estarán demasiado ocupados tratando de solucionar problemas!

¿Pero no tengo que solucionar algunos problemas?

No.

Nuestro negocio será muy exitoso si sólo nos concentramos en **desarrollar tres o cuatro líderes**. Una vez que tenemos tres o cuatro personas entrenadas quienes piensen como nosotros... **¡somos invencibles!**

Desarrollar líderes lo es **todo** en nuestro negocio. Los distribuidores pueden ir y venir, los problemas pueden ir y venir, los problemas pueden llegar para quedarse, pero si desarrollamos líderes a largo plazo, leales, estaremos aquí por siempre con cheques de bonificaciones.

Todos estos otros problemas no tienen nada que ver con **localizar, entrenar y desarrollar nuestros tres o cuatro buenos líderes.**

Veamos una crisis típica #1.

Un distribuidor de tu grupo recibió su orden de 20 productos diferentes y un producto está perdido. El producto perdido era Mezcla de Rosquillas #2.

El distribuidor llama a su patrocinador y dice:

–¡Ayuda! ¡Ayuda! Mi orden está incompleta. No se cuántos artículos están perdidos, pero está todo mal. ¿Piensas que la compañía está saliendo del negocio?

Es una tendencia **humana** natural el **exagerar** ligeramente cuando se describe un problema personal.

El patrocinador acepta el problema y se deprime. Se preocupa sobre lo que pudiera ocurrir si su distribuidor renuncia por este masivo recorte de producto.

Así que el patrocinador llama a su patrocinador y dice:

–¡Ayuda! ¡Ayuda! ¡La compañía ha dejado de embarcar productos y está quitando el dinero de nuestros distribuidores! ¿Por qué están atacando y destruyendo nuestro negocio?

Es una tendencia **humana** natural el **exagerar** ligeramente cuando se describe un problema personal.

Su patrocinador entra en pánico debido a este masivo problema destructor de carreras. Así que llama a su patrocinador (ese eres tu) y dice:

–¡Ayuda! ¡Ayuda! ¡La compañía ha dejado de embarcar productos y envió un pelotón de ataque y están disparando a nuestros distribuidores! ¡Tienes que detener la matanza!

Como mencioné, es una tendencia **humana** natural el **exagerar** ligeramente cuando se describe un problema personal.

Así que para el momento en que tu recibes el problema, es un gran, gran problema.

¿Cómo vas a reaccionar?

¿Vas a llamar a la oficina central y agregar un poco de exageración al cuento? No, si eres un líder exitoso.

Un líder exitoso tiene un punto de vista estable, firme como roca. Tu sabes que **lo único que cuenta** es que **localices y desarrolles tres o cuatro buenos líderes** – punto.

Todos los demás problemas son sólo una distracción que puedes ignorar.

¿Qué haces? Respondes a tu líder en pánico y dices:

–¿Productos faltantes, eh? Bueno, no tengo acceso a la computadora de envíos de la oficina central, así que, ¿por qué no enviar un email con los detalles? Envíame una copia, y ellos se harán cargo.

¡Pum! Terminaste. Eso es todo. No más histeria ni complicidad.

Ahora este problema relativamente menor, es **manejable**. El distribuidor con el problema debe escribir los detalles en un email. Eso es bueno. ¿Por qué?

* Escribir los detalles es difícil. La mayoría de las personas preferiría pasar el problema a sus superiores en lugar de hacerse cargo ellos mismos. Después de todo, sólo es naturaleza humana. ¿Por qué no hacer una simple llamada con exageración? Eso es más fácil que producir un reporte escrito.

* Escribir los detalles usualmente limita la exageración.

* La mayoría de las personas revisará los hechos de nuevo, antes de comprometerse por escrito.

Así que, ¿qué sucede?

El distribuidor revisa la caja de envío de nuevo y mágicamente encuentra el producto perdido, Mezcla de Rosquillas #2.

Problema manejado. Estás continuando con tu objetivo de **localizar y desarrollar tres o cuatro buenos líderes** para tu negocio.

En todos mis años en redes de mercadeo, sólo una persona escribió todos los datos y los envió a la compañía y a mi. Uno. Es todo.

Y esto es lo que sucedió cuando recibí su fax con sus problemas. Me fui a comer. Me dije a mi mismo que lidiaría con el fax problemático por la mañana.

La mañana siguiente recibí una llamada del distribuidor agradeciéndome por ocuparme del problema. Parece que la oficina regresó la llamada, aclaró todo, y él estaba satisfecho.

Bueno, yo simplemente tiré el fax a la basura. Nunca lo leí, y nunca supe realmente cuales eran los problemas. Todo lo que se es que ahorré horas, días y semanas de tiempo tratando de solucionar problemas.

"¡Hey! Esa es una muy buena perspectiva sobre cómo funciona este negocio de redes."

¿Qué sucedería si tu equipo adoptara este punto de vista?

Crecimiento masivo. Ventas masivas. Cheques de bonificaciones masivos.

¿No sería bueno si tu equipo nuca se quejara? En lugar de eso, ellos simplemente aceptarían los problemas como parte de la vida y seguirían en su camino para construir su negocio.

Bueno, eso sería un mundo perfecto. Sin embargo, no hay regla que diga que no podemos educar y entrenar a nuestros equipos hacia esta meta.

¿Te puedes imaginar qué tan poderosas serían tus juntas de oportunidad si todos fuesen positivos y estuviesen enfocados en su meta de localizar y desarrollar **tres o cuatro buenos líderes**? ¡La atmósfera sería mágica! Con tanta energía positiva en el salón, ¡los invitados se unirían incluso sin escuchar una presentación! Los prospectos quieren estar involucrados con personas positivas que saben hacia donde van.

¿Qué tal con otros problemas?

* ¿Un humano puede cometer un error durante la presentación de negocio?

* ¿Puede haber un error tipográfico en el folleto?

* ¿Puede un reportero celoso y mal pagado escribir una historia injusta sobre tu compañía o tus productos en el periódico?

* ¿Puede un líder superior decir mentiras, robar clientes, falsificar aplicaciones de distribuidores y robar tu perro?

¡Sí! Sucede.

¿Y qué?

Todos estos problemas no tienen nada que ver con tu meta primordial de **localizar y desarrollar tus tres o cuatro líderes**. (¿Notas un tema en común aquí?)

Veamos la crisis #2.

De vuelta en Inglaterra. Hace varios años, di una junta de oportunidad con unas 50 personas. Fue en un pequeño salón de hotel al norte de Inglaterra.

Al fondo del salón había una distribuidora nueva. Ella trajo a su esposo y a su hija de 11 meses.

También, al fondo del salón había un prospecto con un traje a rayas de $1,000, uñas con manicura, bronceado perfecto, una réplica de un reloj muy costoso, y… mala actitud. Se veía como el estereotipo de un corredor de bolsa de Nueva York.

¿Qué haces cuando el bebé llora?

Mientras proseguía con mi presentación, ocasionalmente el bebé hizo algo de ruido. Está bien, el bebé lloró. No era muy fuerte, pero era una distracción.

Ahora, aquí está la pregunta:

¿Un bebé que llora tiene algo que ver con **localizar y desarrollar tus tres o cuatro buenos líderes**? (¿Notas un tema en común aquí?)

¡No!

Un bebé que llora no es problema. Es un no-evento. Es totalmente manejable al simplemente ignorar el llanto y continuar con la junta de oportunidad.

Así que eso hice.

¿Adivina qué sucedió cuando terminó la junta?

¡El invitado bien vestido se fue! Estaba completamente desanimado por el llanto del bebé.

¿Sus comentarios de salida?

–¿Cómo puede un negocio profesional permitir que un bebé que llora interfiera y distraiga a los prospectos durante la presentación de negocio? ¡No podría unirme a una organización tan poco profesional como ésta!

Ahora aquí está la pregunta del millón de dólares que tienes que hacerte a ti mismo como constructor de negocio y líder de redes:

–Si mi prospecto renuncia o incluso no se afilia debido a que un bebé de 11 meses llora, ¿este prospecto será uno de mis **tres o cuatro buenos líderes**?

La respuesta obvia es "No".

Cuando mucho, este prospecto se convertirá en un distribuidor "temporal". Renunciará al primer indicio de ansiedad, problemas, sentimientos lastimados, o estrés. O, ¿qué tal si su invitado no aparece en la próxima reunión? ¡Esta persona estaría devastada!

Así que sin importar si este distribuidor "temporal" se afilia o no, no haría ninguna diferencia en nuestra carrera a largo plazo en redes de mercadeo. Habrá bastantes obstáculos más grandes en la carrera de esta persona que ocasionarán que renuncie.

Míralo de esta manera. Este prospecto renunció antes incluso de comenzar.

¿Por qué?

Por que escuchó el llanto de un bebé de 11 meses de edad que ni siquiera reconoce su existencia. El bebé de 11 meses **¡ni siquiera sabe ni le importa la existencia de este prospecto!**

Aún así, este bebé de 11 meses **tuvo el poder y el control para tomar decisiones** por este prospecto de mente débil pero bien vestido.

Si este supuesto prospecto va a dejar que los bebés de 11 meses tomen decisiones por él, ¿qué tan bien la va a ir en su propio negocio? No muy bien.

¿Deberías de solucionar el problema?

No.

Sería una total pérdida de tiempo.

Digamos que prohibes a los bebés en las juntas de oportunidad. Quizá contratas niñeras o dices las familias no son bienvenidas si tienen niños pequeños. Como sea, solucionas el problema de los bebés que lloran en las juntas de oportunidad.

¿Y qué?

* ¿Qué tal si el salón está muy caluroso? ¿Este prospecto delicado, de mente débil aún se negaría a unirse?

* ¿Qué tal si la junta de al lado es muy ruidosa?

* ¿Qué tal si el orador comete un error en la presentación?

* ¿Qué tal si alguien tiene tos?

¿Ves el problema?

El problema está en el prospecto, no en las circunstancias alrededor del prospecto.

No puedes ir por la vida, caminando delante de tu prospecto, diciendo:

* –Por favor sonría cuando pase donde está mi prospecto.

* –Por favor no diga nada malo sobre nuestra compañía delante de mi prospecto.

* –Por favor, que no llueva mientras mi prospecto viene en camino a la junta.

Este prospecto cree que las circunstancias deben de ser correctas en función de ser exitoso. En otras palabras, está diciendo que el **éxito está fuera de él**.

Depende de las circunstancias para ser exitoso. Y espera que el bebé de 11 meses no tome más decisiones por él.

¿Este prospecto alguna vez se desarrollará en uno de tus **tres o cuatro buenos líderes**?

No. El bebé de 11 meses tiene una mejor oportunidad.

El liderazgo no tiene nada que ver con la ropa que vistes.

¿A quién preferirías tener en tu organización?

1. ¿La madre que trajo a su bebé de 11 meses y a su esposo a la junta de oportunidad, o…

2. El prospecto de mente débil pero bien vestido que toma indicaciones y decisiones de carrera de un bebé de 11 meses de edad?

La respuesta es obvia, una vez que comprendes el principio de **localizar y desarrollar tres o cuatro buenos líderes**. Los líderes lo son todo. Son tu seguridad a largo plazo.

Ellos son la clave para un crecimiento sólido y cheques de bonificaciones consistentes.

Casi todo lo demás que hagas en redes de mercadeo es trivial.

Tu mayor esfuerzo es concentrarte en **localizar y desarrollar tres o cuatro buenos líderes**.

La mayoría de las otras cosas que hacemos son una pérdida de tiempo. ¿Quieres algunos ejemplos?

Discutir políticas de la compañía, argumentar con distribuidores sabelotodo, re-entrenar a los superiores, acomodar sillas en juntas de oportunidad, re-escribir el folleto de prospección por trigesimoprimera ocasión, acomodar muestrarios de producto, memorizar guiones de ventas, sujetar las manos de prospectos de mente débil, corregir a las personas cuando se equivocan, reprochar a los distribuidores por faltar a las juntas, desear tener más dinero para tus esfuerzos, demandar embarques inmediatos de productos fuera de existencia, demandar que todos en todas las circunstancias sean tratados justamente, escuchar quejas sin importancia, dar condolencias a personas con egos lastimados, tratar de rescatar a víctimas profesionales, obligar a distribuidores a asistir a entrenamientos que no quieren asistir, tratar de encontrar alguien a quien culpar, desear que la gente tuviese la misma visión que tu tienes, decir a la gerencia cómo hacer su trabajo, etc., etc., etc.

No nos convertimos en líderes exitosos al resolver estos problemas. Y, no nos convertimos en líderes exitosos al patrocinar y reemplazar distribuidores "temporales".

Incluso el Presidente y el Papa no pueden resolver todos los problemas.

Piensa en los recursos que tienen. ¿Dinero? ¿Personal? Son famosos. Y aún así, incluso ellos no pueden resolver cada problema. ¿Y qué tal nosotros con incluso menos recursos? Por supuesto que nosotros no podemos resolver todos los problemas, así que superémoslo.

Nos convertimos en líderes exitosos al **localizar y desarrollar tres o cuatro buenos líderes**.

"Centro de Crisis de Redes de Mercadeo, ¿puedo ayudarle?"

Asegúrate de no responder así tu teléfono. En lugar de eso, educa y entrena a tus nuevos distribuidores y líderes potenciales que los problemas son naturales. Los problemas son parte de la vida y estarán ahí mañana y todos los días de nuestras vidas.

Así que en lugar de solucionar, estresarnos y preocuparnos por los problemas, simplemente manejemos los problemas y continuemos con la vida. Tendrás más tiempo libre, menos estrés, y el estilo de vida para disfrutar esos grandes, grandes cheques.

Y, te encontrarás a ti mismo respondiendo fácilmente a las preguntas y manejando problemas cuando estás enfocado en **localizar y desarrollar tres o cuatro buenos líderes**.

Por ejemplo, si vives a 40 millas de la oficina central de tu compañía, tendrás distribuidores preguntando:

–¿Por que no vas allá y visitas la oficina central más a menudo?

Puedes responder:

–Por que visitar la oficina central no tiene nada que ver con **localizar y desarrollar mis tres o cuatro buenos líderes**.

O los distribuidores preguntarán:

–¿Por qué no podemos tener Mezcla de Rosquillas #8 en chocolate?

Puedes responder:

–¿Qué tiene que ver eso con **localizar y desarrollar nuestros tres o cuatro buenos líderes?**

O los distribuidores dirán:

–Mary habló demasiado durante la junta de oportunidad.

Puedes responder:

–¿Qué tiene que ver eso con **localizar y desarrollar nuestros tres o cuatro buenos líderes?**

¿Ves? Es fácil.

Una vez que comprendemos los principios y tenemos la perspectiva apropiada sobre nuestro negocio de redes – **¡todo se hace más fácil!**

Y finalmente, en caso de que no hayas notado el principio aún, aquí está:

Nuestro trabajo como líderes es simplemente localizar y desarrollar tres o cuatro buenos líderes.

El resto de nuestras actividades son simplemente no-eventos. No tienen importancia.

Eligiendo cómo manejar problemas que desperdician tiempo.

Quizá te haya ocurrido esto: tu distribuidor llama y dice:

—El producto es muy caro, el plan de compensación no paga lo suficiente, la gerencia apesta... ¡y tu eres un patrocinador que no vale nada!

¿No odias las llamadas telefónicas con tus distribuidores cuando están teniendo un mal día con su actitud?

Nada está bien contigo o la compañía. Todo está incorrecto y tu distribuidor tiene **100 razones** del por qué todo es imposible de solucionar. Incluso si tu distribuidor muriera y fuera al cielo en su mal día, sólo se quejaría sobre el mal de alturas.

Así que, ¿qué puedes hacer?

Nada.

El problema **no** está en los problemas. Puedes discutir con tu distribuidor que todo está bien, puede ser solucionado, será mejorado, y las cosas seguirán mejorando y mejorando. No importa que tan persuasivo sea tu argumento, perderás.

Incluso si personalmente resuelves todos los problemas actuales, tu distribuidor localizará o creará nuevos problemas. Estás en una situación perder-perder.

Por ejemplo, tu distribuidor telefonea y dice:

–Llamé a la oficina central y no contestaron.

Bien, ¿qué podemos hacer?

Podemos resolver el problema para nuestro distribuidor. Podemos pasar por él, subirlo a nuestro coche, conducir a la oficina central, entrar a la oficina, cortar las líneas telefónicas y decir:

–¡Ahora hablen con mi distribuidor!

Resolvimos el problema ¿no es así? Pero tan pronto como ese problema está resuelto, ¿luego qué? Nuestro distribuidor tiene otro problema.

–Bueno, recibí los productos en la caja, y me corté el dedo abriendo la caja.

Está bien. Publicamos un anuncio en el periódico local y contratamos a alguien para ayudar a nuestro nuevo distribuidor. El nuevo ayudante viene y su único trabajo en la vida es abrir las cajas de nuestro distribuidor para que no se corte los dedos.

Bueno, el próximo problema que nuestro distribuidor tiene es:

–¡Mi patrocinador es un tarado!

En lugar de tomarlo personal, le ofreces:

–¿Por qué no consigues un patrocinador diferente que no sea yo?

¿Te das cuenta que algunas personas tienen problemas toda su vida? Y van a tener que vivir con todos esos problemas. Tu no puedes resolver todos sus problemas.

Puedes pasar todo tu tiempo y tu esfuerzo tratando de resolver problemas y hacer que todo sea perfecto, y nunca vas si quiera a aproximarte a comenzar, ¿o sí?

Y recuerda, el Presidente, el Papa, e incluso la Reina de Inglaterra tienen tremendos recursos a su disposición. E incluso con todos esos recursos, ellos no pueden resolver todos sus problemas.

Nosotros tenemos recursos limitados. No tenemos oportunidad.

Bueno, si no puedes solucionar los problemas, ¿qué puedes hacer?

Como dije antes, el problema no está en los problemas. El problema real está **dentro** de la mente de tu distribuidor. Tu distribuidor ha tomado la **decisión** de que el éxito **no está en su interior**.

Tu distribuidor ha decidido creer que el éxito está **fuera de su control** y puede ser encontrado sólo en circunstancias externas. En otras palabras, no cree que pueda ser exitoso debido a que el éxito sólo puede ser conseguido en un mundo perfecto, con las personas perfectas, con los productos perfectos, con los precios perfectos, con los planes de compensación perfectos, con… bueno, ya tienes la idea.

Nuestro mundo está lleno de problemas. No se irán – nunca. Así que, el éxito debe de ser conseguido a pesar de estos constantes problemas.

Decidir o no decidir. Esa es la pregunta.

Los líderes comprenden el éxito. Es como si alguien nos diera un manual de usuario. Comprendemos que en cada situación, algunas personas son exitosas, y otras no. Así que el éxito no puede depender de la situación. El éxito debe depender de la persona.

Entonces, ¿por qué algunas personas se convierten en exitosas y otras no – en las **mismas** circunstancias o situaciones?

La respuesta yace en las seis pulgadas (15cm.) entre nuestros oídos. Es cómo **decidimos** pensar.

Sí, la palabra clave aquí es "decidimos."

Es una decisión personal sobre lo que pensamos. No hay control mental por parte de villanos engañosos. No hay leyes que nos restrinjan de decidir cómo deseamos pensar. Cada uno de nosotros tiene el poder de decidir cómo deseamos pensar en cada situación.

Esta simple decisión es lo que determina nuestro éxito. Te daré una demostración fácil.

¡Guau! ¡Estoy aquí!

En una sesión de entrenamiento reciente, hablé sobre las decisiones que hacemos dentro de nuestra mente. Mi conversación con el grupo fue algo como esto:

Yo: –¿Hubo algunos problemas al venir aquí hoy?

Grupo: –Tuvimos que tomarnos el día en el trabajo. Es un día entre semana. Ese fue un problema grande.

Yo: –¿Ese problema hizo que muchos de sus distribuidores no asistieran el día de hoy?

Grupo: –Sí. Ellos **decidieron** que no podían tomar un día en el trabajo.

Yo: –Aún así ustedes **decidieron** venir, ¿correcto?

Grupo: –Nosotros **decidimos** venir y perder un día en nuestros trabajos.

Yo: –¿Había mucho tráfico para venir a esta junta?

Grupo: –Sí. Un tráfico terrible.

Yo: –¿Algunos otros problemas para venir hoy?

Grupo: –Está lloviendo. Quizá con inundaciones en algunas áreas. Pero nosotros **decidimos** venir de todas formas.

Yo: –¿Algunos otros problemas?

Grupo: –Algunos de nuestros amigos dijeron que estamos locos y que tener un negocio propio nunca funcionaría. Nosotros **decidimos** ignorarlos y venir de todas formas.

Yo: –¿Qué tal el estacionamiento? No hay estacionamientos convenientes alrededor de aquí.

Grupo: –Tuvimos que estacionar los autos a varias cuadras de aquí y caminar en la lluvia. Sin embargo, venimos desde tan lejos que **decidimos** no regresar. Sólo nos mojamos un poco al llegar aquí.

Yo: –Así que vinieron aquí hoy incluso cuando todos esos problemas **nunca se resolvieron**, ¿correcto?

Grupo: –Estamos aquí. Los problemas siguen ahí. Supongo que nuestros distribuidores decidieron que todos esos problemas tenían que desaparecer antes de que pudiesen asistir a este entrenamiento y ser exitosos. ¿Sabes qué? Siempre habrá mal clima, distancias largas por conducir, malos estacionamientos, días inconvenientes, y... **¡cielos!** ¡¡¡Nuestros distribuidores nunca serán exitosos si creen que los problemas tienen que desaparecer!!!

Yo: –¿Qué tal si sus distribuidores renuncian y se unen a otra compañía?

Grupo: –Incluso si ellos se unen a otra compañía, aún habrá mal clima, distancias largas por conducir, malos estacionamientos, días inconvenientes... ¡hey! Cambiar de compañías no resuelve nada. Vas a experimentar los **mismos problemas** con otra compañía.

Yo: –Así que, ¿qué puedes hacer para ayudar a tus distribuidores? No puedes resolver todos los problemas.

Grupo: –Lo único que podemos hacer es enseñar a nuestros nuevos distribuidores que tienen el poder en sus mentes de hacer decisiones. Ellos pueden ver el problema y decidir en cual grupo estar: el grupo que **decide** que el problema es **más grande** que su sueño de éxito. O el grupo que **decide** que su sueño de éxito es **más grande** que el problema.

Así que, ¿por qué los distribuidores no exitosos se quejan, fracasan y renuncian?

Debido a que su patrocinador nunca les dijo la verdad sobre los problemas. La mayoría de los distribuidores cree que los problemas deben de resolverse. Nunca miran a su alrededor y notan que los líderes en su grupo experimentan **exactamente los mismos problemas**, aún así, los líderes son exitosos.

Ellos no comprenden que los problemas existen. La mayoría de las veces, no podemos solucionar el problema. Sin embargo, podemos decidir cómo reaccionar ante el problema.

Pienso que nuestro trabajo es educar a nuestros nuevos distribuidores que todos sus problemas realmente ocurren en las seis pulgadas entre sus oídos. Entonces nuestros nuevos distribuidores reconocerán este fenómeno cuando se escuchen a sí mismos decir: **–En mi mente el problema real es…**

¿Quién está en este crucero?

Por 25 años, he organizado en Crucero de MLM. Empresarios de alrededor del mundo vienen a pasar siete días relajándose y aprendiendo unos de otros. Déjame darte algunos problemas y razones del por qué estos empresarios no deberían estar ahí:

* Tenemos que tomar una semana libre.

* Tenemos que ahorrar dinero para el boleto de avión.

* Tenemos que ahorrar dinero para el crucero.

* No pudimos encontrar una niñera.

* Es un tiempo importante en el trabajo.

* Tenemos mareos.

* Está muy lejos.

* Nadie se ofreció a pagar mi lugar.

* Nunca hemos hecho esto antes.

* ¿Qué pensarán los vecinos?

* ¡También tenemos que pagar impuestos portuarios!

* Los camarotes son muy pequeños.

* No habrá nada que hacer.

* No conocemos a nadie.

Y aún así, a pesar de todos estos problemas (y debería agregar que ninguno de estos problemas fue solucionado), cada año, los empresarios de redes de mercadeo **deciden** asistir a este crucero.

Asistir al crucero no tiene **nada** que ver con los problemas.

Tiene todo que ver con decidir asistir.

Aún así hay miles de empresarios que "querían" asistir al crucero, pero decidieron que no podrían ir – por que había problemas.

¿Hay problemas y razones por las que tu negocio no funciona?

Claro que hay. Muchos problemas y razones que hacen imposible ser exitosos, ¿correcto?

Incorrecto.

Los problemas no tienen nada que ver con el éxito. Los problemas están fuera de nosotros y podemos **decidir** personalmente lo que pensamos.

Podemos pensar:

–Seguro que hay problemas. La mayoría de estos problemas están con nosotros todos los días. Aún así, otros líderes tienen éxito a pesar de estos problemas. Quizá voy a **decidir** convertirme en exitoso también.

O podemos pensar:

–Seguro que hay problemas. Es por eso que no puedo ser exitoso. Pobre de mi. Desearía que mi mami solucionara todo por mi. El mundo ha puesto barreras para mi éxito. Estos problemas son mucho más grandes que mi deseo de tener éxito. Soy una víctima profesional. Supongo que voy a **decidir** fracasar.

¿De verdad pensamos así?

Sí.

Un poco patético, ¿no es así? Pienso que todos deberíamos mantener a nuestras esposas o amigos cerca para que nos señalen y nos recuerden cuando **decidimos** aceptar "pensamientos de fracaso." Hmmm, algunas personas se ofrecerán ansiosos como voluntarios para esta tarea.

Así que veamos algunos de los problemas en nuestro negocio de redes de mercadeo. Veamos si estos problemas realmente son más grandes que nuestros sueños de éxito.

Problemas.

* Los productos son muy caros.

* Los costos de envío son muy caros.

* Mi patrocinador no me ayuda.

* Desearía que mi patrocinador no me ayudara.

* No mencionaron mi nombre en el boletín de noticias.

* Los pedidos llegan tarde.

* Hay errores en el reporte de mi equipo.

* El cheque de bonificaciones era por la cantidad equivocada.

* Nadie me escucha.

* A la compañía no le importan mis problemas.

* Las juntas son muy lejos.

* El plan de compensación paga muy poco.

* Nuestra competencia no tiene problemas (realmente nos estaríamos sintiendo tristes con nosotros mismos aquí).

* Deberíamos de tener un sueldo.

* Deberíamos de recibir pagos por esfuerzos, no resultados.

* Mi equipo trabaja duro pero se desanima.

* No hay mucha ganancia por ventas al menudeo.

* No tenemos un buen video para mostrar a los prospectos.

* El presidente no me habla.

* Nadie está ganando dinero.

* Nadie está haciendo ventas.

* Nadie está reclutando.

* Los requerimientos de volumen son muy altos.

* Los requerimientos de volumen son muy bajos.

* Deberíamos de recibir pagos dos veces por día.

* El paquete de distribuidor es difícil de leer.

* La compañía insiste en los entrenamientos para salir adelante.

* La compañía no ofrece entrenamiento.

* La compañía debería cambiar el plan de compensación.

* La compañía hace demasiados cambios.

* Mi equipo nunca me llama.

* Nadie se quiere asociar.

* La persona nueva no hace lo suficiente.

* Los líderes no hacen lo suficiente.

* Deberíamos de recibir "bono de afiliación" cuando comenzamos.

* Mi comunidad es muy conservadora.

* Mi esposa no me comprende.

* Mi empleo quita demasiado tiempo.

* Los sábados son para el fútbol.

* La compañía comete muchos errores.

* Mis distribuidores probablemente se unirán a la próxima compañía nueva.

* Soy perfecto y el resto del mundo está en desacuerdo.

* El formulario de pedido es muy difícil de llenar.

* Es muy difícil.

Y a pesar de todos estos problemas, ¡¡¡los líderes en nuestra compañía siguen siendo exitosos!!!

Y los líderes tienen exactamente los mismos problemas que nosotros.

¿Por qué todo este énfasis en manejar problemas?

Por que los problemas ocurren. Van a continuar ocurriendo. Y no puedes rescatar a tu líder potencial cada vez que dice:

–Oh no, tenemos un problema. Y es un problema enorme. Presiento que el desastre se aproxima.

Por lo menos un mal evento va a ocurrir a tu negocio este año. Así es la vida. No es para tanto.

Ningún negocio puede continuar por siempre con eventos de suerte seguidos de buena fortuna, seguidos de milagrosas buenas noticias.

O le enseñamos a nuestro líder potencial a manejar problemas… o, no tendremos un nuevo líder en nuestro equipo.

No conozco a nadie que se haya unido al negocio perfecto, en el momento perfecto, con el producto perfecto, con el precio perfecto, en el mercado perfecto, con el plan de compensación perfecto, con el patrocinador perfecto y el equipo perfecto.

¿Y tu?

Todos queremos que nuestro negocio tenga buena fortuna por siempre, pero ocasionalmente alguien pisotea nuestros sueños. Y para algunos de nosotros, la gente pisotea nuestros sueños más a menudo.

Si no puedes pensar en ningún problema en tu negocio de redes, mira si éstos se ven familiares:

* Tu compañía tiene faltantes en almacén o descontinúa el producto favorito de tu grupo.

* El tabloide de chismes local reporta que el presidente de tu compañía oculta que es un alienígena de dos cabezas que efectúa sacrificios animales secretamente.

* Tus distribuidores molestos forman su propia compañía de competencia y tratan de robar a tus líderes.

* O, de miles de ordenes de producto, tu compañía cometió un error en la orden de alguien (tiembla, estrésate, revisa los testamentos, ¡suena la alerta de pánico!)

Así que, ¿qué sucede cuando tu negocio tiene los problemas ocasionales pero inevitables?

¿Pierdes a tus líderes?

¿Pasas horas en el teléfono tratando de salvar a tu equipo?

¿Pides disculpas, buscas simpatía y te preocupas toda la noche?

Espero que no.

Deberías prepararte a ti mismo por **adelantado** para los problemas. Tu compañía tendrá problemas, tus superiores tendrán problemas, tu equipo tendrá problemas, y así es la vida. Si no crees que los problemas van a ocurrir en tu negocio, confía en mi, esa ilusión pasará pronto.

¿Cómo preparas a tus líderes para las malas noticias, faltas en inventario, errores de cumplimientos, políticas celosas, sentimientos lastimados, llamadas telefónicas mezcladas o no respondidas, etc.?

Simple.

Diles la verdad **por adelantado**.

Puedes decir algo como esto:

–Juan, antes que hagas un compromiso total para construir tu negocio, necesitas saber los **hechos**.

Nuestra compañía **no es perfecta**. Habrá algunos problemas en el futuro. Y peor aún, nuestra compañía emplea **humanos**, y tu sabes como ellos pueden cometer errores. Las buenas noticias son que nuestra compañía trata al máximo de solucionar los errores cuando suceden. Ahora que ya sabes que habrá problemas en el futuro, **¿aún así estas dispuesto de hacer un compromiso total** para construir tu negocio?

Normalmente, Juan responderá:

–No hay problema. Comprendo que habrá altas y bajas. Gracias por ser honesto conmigo. Hay problemas en cada empleo y negocio, así que ya se que es mejor no tratar de buscar la perfección.

Ahora, cuando los problemas inevitables ocurran, has preparado a tus líderes para una pequeña charla de motivación. Digamos que el problema del mes fue…

La compañía cambió las etiquetas de verde claro a verde oscuro.

Oooo-hhhh.

Ahora tu equipo está realmente preocupado.

Tus líderes están pensando en cambiarse a otra compañía que ofrezca etiquetas en un verde muy claro. Juran que nunca quieren vivir otro cambio de color en las etiquetas. Sus clientes se quejan. Sus distribuidores se sienten confundidos. El problema ahora es una crisis mayúscula y amenaza la motivación y creencia de tu equipo entero.

Pero tuviste la **previsión** de preparar a tu equipo para los problemas eventuales. Aquí está tu charla de motivación:

–Juan, ¿recuerdas cuando al principio hiciste el compromiso de construir tu negocio? Discutimos que los problemas estarían en nuestro futuro y no darían algunos tropiezos durante el camino.

Bien, este cambio de color en las etiquetas es uno de esos problemas. Parece como algo grande ahora, pero si lo comparas con una carrera de diez o veinte años, es sólo uno de los problemas que ocurren. Algunas veces saltamos hacia adelante, algunas veces damos uno o dos pasos hacia atrás, pero en general, como líderes, nos enfocamos en el progreso constante a largo plazo.

Esto es lo que nos hace diferentes del distribuidor promedio que tiene **una** mala experiencia y renuncia. Entonces, el distribuidor promedio tiene que salir e invertir y construir un grupo nuevo con una compañía nueva. Eso es demasiado dinero invertido en entrenamiento y construcción de un nuevo negocio. No hay ingresos llegando, sólo gastos durante estos períodos de transición.

Y justo cuando el distribuidor promedio hace una ganancia en su nueva compañía de redes de mercadeo, ¡B-A-N-G! Otro problema aparece. Supongo que eso resume la diferencia entre empresarios promedio y líderes como nosotros, Juan. Ellos nunca ganan nada de dinero debido a que no tienen nuestra visión a largo plazo.

Apuesto a que si su madre sirviera una mala comida, nunca más la visitarían. Si su banco cometiera un error en su cuenta de cheques, dejarían de utilizar dinero. Yo espero que tu y yo podamos hacer llegar a la mayoría de tu equipo el que éste es sólo uno de esos problemas a lo largo del camino. Seguramente espero que ellos tengan un buen sentido de negocios como nosotros para ver la perspectiva completa.

¿Tu charla de motivación funcionará?

No siempre.

Pero es mejor que ninguna charla. Y, tu charla de motivación siempre funcionará mejor cuando preparas a tus líderes temprano en sus carreras sobre que no hay compañía perfecta y que deben esperar problemas a lo largo del camino.

¿Salvarás los distribuidores en los equipos de tus líderes?

No a todos.

Muchos empresarios creen que el éxito viene de firmar una aplicación en una nueva compañía que **nunca** tendrá problemas. Ellos no creen que el éxito en redes de mercadeo requiere de trabajo, esfuerzo, paciencia y compromiso a largo plazo. Es casi enfermizo escuchar a un nuevo distribuidor decir:

–No quiero nada que ver con redes de mercadeo. Trabajé duro por dos semanas con una oportunidad, y luego tuvieron problemas. Eso arruinó cualquier posibilidad que tenía para tener éxito en mi vida.

Me pregunto si su empleo sólo requiere dos semanas de esfuerzo y después se puede jubilar de por vida.

Así que, si un distribuidor está buscando una excusa para no trabajar – entonces cualquier excusa bastará.

Nunca he leído una placa que diga:

Todo el mundo ama a un desertor.

Y puedes aplicar este principio de los problemas a los nuevos distribuidores que patrocines también. Si tienes un sentido del humor burlón, puedes decir esto cuando patrocines a un nuevo distribuidor ordinario. Mientras te entregue la aplicación firmada y el dinero para su afiliación, dile esto:

–Oh, olvidé decirte algo. La próxima semana nuestra compañía va a tener un problema, un problema grande para nuestro negocio.

El nuevo distribuidor se encoge del pecho y dice: – ¿Qué? ¿Un problemas grande? ¿Cuál es ese problema grande la próxima semana?

Tu respondes: –Oh, no lo sé. Cada semana hay un problema en los negocios. Sólo quería hacerte saber que no hay negocios perfectos. Tener problemas es sólo parte de cualquier negocio.

Y luego, la próxima semana cuando un problema ocurra, puedes decir a tu nuevo distribuidor: –¿Ves? Te dije que habría un problema.

Así que, ¿cuál es la diferencia?

Los líderes **eligen** pensar:

–Yo elijo ser exitoso en este negocio. Incluso si resuelvo todos estos problemas, habrá más. Yo sólo voy a continuar construyendo mi negocio.

Si es así de fácil, ¿entonces por qué no todos pensamos exitosamente?

La mayoría de las veces hay un problema más grande en juego. Un problema más grande que todos los problemas que he enlistado aquí. ¿Cuál es ese problema? Autoimagen.

Así que basta con los problemas, y mientras terminamos el Volumen Uno sobre liderazgo, comencemos a aprender cómo desarrollar algo de crecimiento personal y confianza en nuestros líderes potenciales para incrementar su autoimagen.

Nuestra autoimagen.

Nuca habrá suficientes páginas en este libro para cubrir adecuadamente el tema de nuestra autoimagen. Dejaré esa discusión a los psicólogos profesionales.

Sin embargo, vamos a dar un vistazo limitado a la autoimagen ya que aplica a cómo nosotros pensamos.

Primero, es fácil para nosotros estar de acuerdo que todos, incluyendo nosotros, tienen una autoimagen. Es cómo nos vemos a nosotros mismos. Es cómo vemos nuestro propio valor. Es nuestra manera de describirnos a nosotros mismos.

Segundo, no es fácil para nosotros mirar honestamente nuestra autoimagen y lo que le está haciendo a nuestras vidas.

Tercero, nuestra autoimagen siempre nos mantendrá lejos de ser más exitosos de como nos vemos a nosotros mismos. **Convertirá los problemas y razones para fracasar en verdades innegables en nuestras mentes.** Nuestra autoimagen nos mantendrá en el nivel de éxito o fracaso en que estamos más confortables.

¿De verdad? ¿Nuestra autoimagen nos mantiene lejos del éxito?

Sí.

Así que demos un breve vistazo a esta autoimagen que tenemos de nosotros mismos, y cómo le dice a nuestra mente qué pensar.

Si nos **vemos** a nosotros mismos como **perdedores totales**, ¿piensas que nuestros prospectos y distribuidores sentirán eso en nuestra voz y acciones? Sí.

¿Alguna vez has conocido a alguien con una pobre autoimagen? Incluso si dan una presentación perfecta, su autoimagen agregará esto al final de su presentación:

–Y probablemente no estás interesado. Nadie quiere afiliarse. Todos a los que hablo me rechazan. La economía se está complicando. Algunas veces llueve duro por aquí. La compañía no paga lo suficiente. Mi patrocinador no me ayuda. Parece que siempre elijo el negocio equivocado. No sé por qué estoy haciendo esto…

Si nos **vemos** a nosotros mismos como **ganadores totales**, ¿piensas que nuestros prospectos y distribuidores sentirán eso en nuestra voz y acciones? Sí.

Ahora nuestros prospectos y distribuidores querrán estar asociados con nosotros. Ellos sienten que tenemos habilidades, información, y dirección en nuestras vidas. Ellos quieren seguirnos hacia el éxito.

¿Algunos distribuidores realmente se ven a sí mismos como perdedores y fracasados?

Sí.

Mira a tu alrededor por pruebas. Escucha a la gente que dice:

* –Oh, eso siempre me sucede a mí.

* –Oh, nunca gano en esas cosas.

* –Nadie va a querer hacer eso.

* –Estoy seguro de que no puedo hacer eso.

* –Sólo otras personas pueden ser así de afortunadas.

* –Nadie me ama.

* –Es muy difícil.

* –No puedo ser exitoso por que…

* –Es imposible salir adelante por que…

* –Nadie querrá unirse por que…

Todas estas afirmaciones vienen de las **mentes** de estos distribuidores. Y sus mentes están siendo **controladas** por su autoimagen.

* Se ven a sí mismos como no exitosos.

* Se ven a sí mismos como víctimas.

* Se ven a sí mismos teniendo problemas continuos y limitaciones en sus vidas.

Algunas personas se definen a sí mismos y a sus vidas como víctimas de problemas. Si les quitas sus problemas, ¡no sabrán quien son!

Todos necesitamos preguntarnos:

–¿Cómo me veo a mi mismo? ¿Como víctima de problemas? ¿O como dueño de mi propio destino? ¿Mi éxito depende de otras personas? ¿De decisiones externas que hacen otros? ¿El clima? ¿El plan de compensación? ¿El boletín de noticias?

Cómo nos vemos a nosotros mismos determina cómo pensamos, y las decisiones que tomamos.

¿Necesitas más prueba de que la autoimagen controla nuestras mentes y las decisiones que tomamos?

¿Alguna vez has escuchado de alguien en programas del seguro social que gana un millón de dólares en la lotería? ¿Qué sucede frecuentemente en unos pocos años?

La persona está quebrada.

Esa persona tenía una autoimagen de un beneficiario de programas del seguro social. Esa persona consistentemente tomó **decisiones** de gastar el dinero imprudentemente (joyas, coches, boletos de conciertos, comidas caras, estéreos, viajes, ropa de diseñador y carreras de caballos) para que pudiese regresar al programa del seguro social, donde se siente confortable.

Si esta persona tuviese una autoimagen de un exitoso y rico inversionista, hubiese **decidido** invertir en acciones, bienes raíces, u otros activos.

¿Alguna vez has escuchado de alguien que era un millonario pero perdió su fortuna? ¿Que sucede frecuentemente en unos pocos años?

La persona de nuevo es millonaria.

Esa persona tenía una autoimagen de ser millonaria. Esa persona consistentemente tomó decisiones de gastar sus nuevas ganancias sabiamente para que pudiese de nuevo alcanzar el estatus de millonario.

Su autoimagen lo motivó a trabajar duro, ahorrar su dinero, e invertir sabiamente para que pudiese de nuevo ser millonario, donde se siente confortable.

¡Oh no! Pero sólo estaba tratando de ayudar.

¿Alguna vez has tenido esta experiencia?

Digamos que patrocinaste a alguien con malas finanzas. Lo ayudaste a ser exitoso.

Trabajaste duro. Pasaste por él para los entrenamientos. Hiciste llamadas telefónicas por él. Compraste productos por él. Incluso patrocinaste unos pocos distribuidores y, ¡los colocaste en su organización! En otras palabras, hiciste todo lo que sabías para ayudarlo a salir adelante en su negocio.

Después de todo ese trabajo, fracasó. Nada sucedió.

* Nunca desarrolló una organización.

* Nunca llamó a los distribuidores que patrocinaste por él.

* Sus familiares vinieron a visitarlo la noche de una junta importante.

* Tuvo que trabajar tiempo extra en lugar de pasar por ese buen prospecto.

* Olvidó ordenar productos el mes pasado.

* Invirtió su cheque extra en billetes de lotería en lugar de herramientas de patrocinio.

* Dijo que tenía miedo de hablar con sus amigos.

* No se sentía bien con aproximarse a sus familiares.

* Dijo que no era bueno hablando con extraños.

* No tenía tiempo de asistir a entrenamientos.

* Llamó a los distribuidores que colocaste debajo de él, y de hecho, ¡hizo que renunciaran del negocio!

¿Ves la imagen?

Está haciendo todo lo posible por fracasar, por permanecer justo donde está financieramente, debido a que está confortable con su autoimagen de alguien que está luchando financieramente.

No importa lo mucho que trates de ayudar a esta persona, él saboteará tus esfuerzos.

Si gana un cheque, lo gastará en artículos personales en lugar de construir su negocio.

Si su equipo comienza a crecer, les recordará de todos los problemas que los alejarán de tener éxito.

Nada de lo que hagas hará exitosa a esta persona.

La única manera de que esta persona pueda ser exitosa es **cambiar** su autoimagen. Y ese es un trabajo interno. Eso es algo que ella deberá hacer.

Y cambiar tu autoimagen es muy, muy incómodo.

¿Por qué?

Por que primero tienes que admitir cual es tu autoimagen actual.

¿Cuál es tu autoimagen actualmente?

Aquí está una manera rápida de tener una buena idea de tu autoimagen. ¿Listo?

Piensa exactamente dónde estás en este momento.

Eso es.

Esa es tu autoimagen.

Por ejemplo, ¿cuál es tu autoimagen financiera? (Sí, la vida es mucho más que sólo finanzas, pero vamos a hablar solamente de esta autoimagen ahora).

* Si estás ganando $1,000 al mes, entonces tienes una autoimagen de $1,000.

* Si estás ganando $5,000 al mes, entonces tienes una autoimagen de $5,000.

* Si estás ganando $10,000 al mes, entonces tienes una autoimagen de $10,000.

Simple, ¿no es así?

La parte **difícil** es **admitir** que esa es nuestra autoimagen. La mayoría de nosotros odia tomar responsabilidad personal por nuestras circunstancias.

Ahora, habrá algunas excepciones.

Por ejemplo, si visitamos a la persona en el programa del seguro social el día después de que ganó la lotería, bien, es rico ese día. Pero está trabajando activamente para regresar a su autoimagen.

O, si visitamos al ex-millonario el día después de que se ha quedado en bancarrota, bien, está quebrado ese día. Pero esa no es su autoimagen. Está trabajando activamente para regresar a su estatus de millonario y a su estilo de vida.

¿Cómo sabes si alguien está en transición como la persona del programa del seguro social o el ex-millonario?

Cuando esa persona está trabajando activamente para **cambiar** sus circunstancias actuales. Cuando esa persona está altamente motivada para superar cualquier obstáculo o problema en su camino.

Verás, la verdadera motivación sólo llega cuando nuestras circunstancias externas **no igualan** nuestra autoimagen.

Pero para la mayoría de nosotros, estamos activamente **viviendo** nuestra autoimagen.

¿Estás felíz con tu autoimagen financiera actual?

Es fácil decirlo.

Si estás trabajando duro...

superando obstáculos, objeciones y problemas, eso significaría que tus circunstancias financieras actuales son **menores** que tu autoimagen financiera actual. Estás altamente motivado por mejorar tus circunstancias externas para igualar tu autoimagen.

Si estás contento donde estás...

ocasionalmente asistiendo a juntas, ocasionalmente haciendo una o dos presentaciones, entonces tus circunstancias externas actuales **igualan** tu autoimagen financiera actual. Por supuesto que podrás decir lo contrario, pero tus acciones hablan más fuerte que tus palabras. Continuarás evitando los rechazos, haciendo compromisos nuevos, más duros, y simplemente continuarás disfrutando la vida tal cual es.

Si estás saboteando tu negocio...

quejándote sobre el plan de compensación, preocupando sobre el costo de los productos, pasando tus pensamientos deprimentes a tus superiores y equipo, haciendo campañas por cambios en el boletín de noticias de la compañía, preocupándote por políticas corporativas y entre distribuidores, entonces tus circunstancias externas actuales son **mayores** que tu autoimagen actual. Continuarás saboteando tu negocio hasta que reduzcas tu ingreso para igualar tu autoimagen actual. Entonces te sentirás cómodo.

Cómo Construir LíDERES En Redes De Mercadeo
Volumen Uno

Y tus circunstancias exteriores no cambiarán hasta que cambies tu autoimagen.

Por ejemplo, mi peso actual son 170 libras. Estoy cómodo con ese peso. No estoy motivado a perder peso incluso cuando tengo un sobrepeso de 20 libras.

Seguro, hablo acerca de perder peso, fijo metas para perder peso, me ejercito ocasionalmente, pero no importa lo que haga, parece que como lo suficiente y me ejercito lo suficiente para permanecer en 170 libras.

Así que, ¿cuál piensas que es mi autoimagen acerca de mi peso?

Me veo a mi mismo con 170 libras.

Y nada cambiará hasta que cambie mi autoimagen de 170 libras. Las dietas no funcionarán, el ejercicio no funcionará, los spas de salud no funcionarán, elecciones de comidas diferentes no funcionarán, y bien, tienes la idea.

No me escuches y no me creas cuando digo que quiero perder peso.

En lugar de eso, simplemente observa donde estoy el día de hoy. Esa es mi autoimagen.

(Como nota adicional, estoy pensando acerca de cambiar mi autoimagen sobre mi peso. Estoy considerando una nueva autoimagen de 180 libras, ¡para poder comer más comida mexicana!)

¡No escuches a tus distribuidores!

En lugar de eso, simplemente **observa** dónde están hoy. Busca por señales de motivación para mejorar, o motivación para sabotear su negocio. Sus acciones hablarán tan fuerte que no tendrás que escuchar que tanto "lo quieren" o las "grandes metas" que están fijando.

Estas palabras no significan nada. Sólo ayudan a tu distribuidor a sentir como que está haciendo algo mientras permanece dentro de la seguridad de su autoimagen actual.

Toma esta prueba.

Pregunta. Un nuevo distribuidor se aproxima contigo y dice:

–No tengo prospectos. No tengo a nadie con quien hablar. ¿Puedes publicar un anuncio por mi? ¿Puedes encontrar algunas personas con las que pueda hablar?

Tu respuesta es:

1. Publicar un anuncio. Incluso cuando tu distribuidor no tiene la motivación suficiente para encontrar a alguien con quien hablar, sientes que un anuncio de $200 lo hará exitoso.

2. Cada mañana vas de puerta en puerta, acercándote a desconocidos. Si un extraño está dispuesto a escuchar, tu dices: –Espera. Déjame traer a mi nuevo distribuidor para que pueda platicar contigo.

3. Das a tu nuevo distribuidor un audio de 30 minutos sobre cómo encontrar más prospectos. Incluso cuando tu distribuidor ya ha escuchado 121 entrenamientos de audios, sientes que tu nuevo distribuidor está a tan sólo un audio del éxito.

4. Decir a tu nuevo distribuidor: –Hablemos acerca de la autoimagen. Hablemos acerca de cómo nosotros decidimos ser exitosos o no exitosos. Aprendamos cómo funcionan realmente nuestras mentes.

Así que, ¿cuál opción elegiste? Espero que hayas elegido la opción #4.

Está bien, la próxima pregunta en esta prueba.

Pregunta. Un nuevo distribuidor se aproxima contigo y dice:

–Los productos no funcionan, la compañía está en la ciudad equivocada, el boletín de noticias está arrugado, el plan de compensación no es justo, la competencia es perfecta, y mi perro me mordió.

Tu respuesta es:

1. Encuentras productos nuevos, ayudas a la oficina central a mudarse a otra ciudad, usas una plancha caliente sobre su boletín de noticias, le das más de su parte justa del plan de compensación, le das algunos problemas a la competencia, y compras un bozal para su perro.

2. Personalmente renuncias a tu negocio en desesperación.

3. Comienzas con la bebida.

4. Dices a tu nuevo distribuidor: –Hablemos acerca de la autoimagen. Hablemos acerca de cómo nosotros decidimos ser exitosos o no exitosos. Aprendamos cómo funcionan realmente nuestras mentes.

Así que, ¿cuál opción elegiste? De nuevo, espero que hayas elegido la opción #4.

¿Pero cómo yo incremento la autoimagen de un líder potencial?

La explicación corta:

"Desarrollo personal."

La autoimagen y confianza viene de adentro. Por décadas, los líderes de redes de mercadeo han guiado a las personas a libros de motivación, seminarios de actitud positiva, y CDs de desarrollo personal.

Pregúntate a ti mismo: –¿Mis líderes potenciales están estudiando libros o audios de desarrollo personal? ¿Qué están haciendo para mejorar su autoimagen y confianza?

Si la respuesta es: –Nada,– entonces la tarea completa yace contigo. Y, ¿tu piensas que tienes tiempo suficiente en el día para constantemente alabar a tu líder potencial? ¿Para elogiarlo en cada paso hacia adelante? ¿De leerle afirmaciones positivas antes de que vaya a dormir?

Probablemente no.

Desarrollar esta autoimagen y confianza es algo que tu líder potencial puede hacer por su cuenta, mientras tu estas invirtiendo tu tiempo enseñando habilidades de liderazgo.

Hazlo fácil para ti mismo. Haz que tu líder potencial desarrolle el hábito de libros y audios.

Desarrollar la propia autoimagen y confianza puede hacerse mientras se domina cómo uno piensa sobre los problemas. El primer paso hacia el liderazgo es un gran paso, así que comienza ya.

OTROS LIBROS DE "BIG AL" ESTÁN DISPONIBLES EN:

http://www.BigAlBooks.com

http://www.BigAlBooks.com/Spanish.htm

Registra tu correo electrónico ahí para obtener gratis el próximo libro de Big Al.

CONSIGUE 7 MINI-REPORTES DE FRASES FABULOSAS, FÁCILES PARA CREAR PROSPECTOS NUEVOS, CALIFICADOS.

Descubre cómo sólo unas pocas palabras correctas pueden cambiar tus resultados en tu negocio de redes de mercadeo para siempre.

Consigue todos los siete mini-reportes gratuitos de Big Al, y el Reporte Big Al semanal gratuitamente con más tips sobre prospección y patrocinio.

Regístrate hoy en: http://www.BigAlReport.com

¿Deseas que Big Al haga una conferencia en tu área?

http://www.BigAlSeminars.com

Mira toda la línea de productos de Big Al en:

http://www.FortuneNow.com

LIBRERÍA DE BIG AL

La Librería de Big Al de 36 CDs llenos de habilidades te ayudará a dominar las 25 habilidades básicas de redes de mercadeo. Descubre las habilidades de primer nivel que necesitas, escucha mientras conduces tu auto o desde el confort de tu hogar.

Ahora puedes aprender cada frase mágica, cada historia, técnica, la "Presentación de Un Minuto", habilidades de súper patrocinio y mucho más.

Esta es la mejor manera de aprender las habilidades del "cómo" que son necesarias para moverte a un ingreso de tiempo completo, y luego los grandes ingresos que sueñas.

Aprende métodos probados y comprobados, exactamente qué decir para construir tu organización rápidamente.

Atrae, educa y patrocina más prospectos dentro de tu oportunidad ahora.

Elimina el rechazo, llamadas en frío, y demás maneras incómodas al tratar de construir tu negocio. Encuentra prospectos fácilmente. Entra a la mente de tu prospecto, y habla directamente a su mente y corazón.

Disponible en:

http://www.fortunenow.com/products/item2.cfm

SOBRE EL AUTOR

Tom "Big Al" Schreiter tiene más de 40 años de experiencia en redes de mercadeo y multinivel. Es el autor de la serie original de libros de entrenamiento "Big Al" a finales de la década de los 70s, continúa dando conferencias en más de 80 países sobre cómo usar las palabras exactas y frases para lograr que los prospectos abran su mente y digan "SI."

Su pasión es la comercialización de ideas, campañas de comercialización y cómo hablar a la mente subconsciente con métodos prácticos y simplificados. Siempre está en busca de casos de estudio de campañas de comercialización exitosas para sacar valiosas y útiles lecciones.

Como autor de numerosos audios de entrenamiento, Tom es un orador favorito en convenciones de varias compañías y eventos regionales.

Su blog, http://www.BigAlBlog.com, es una actualización constante de ideas prácticas para construir tu negocio de redes de mercadeo y multinivel.

Cualquier persona puede suscribirse y recibir sus consejos gratuitos semanalmente en:

http://www.BigAlReport.com

www.ingramcontent.com/pod-product-compliance
Lightning Source LLC
Chambersburg PA
CBHW071700210326
41597CB00017B/2265

9 7 8 1 8 9 2 3 6 6 4 9 8